井伊直弼と黒船物語

―幕末・黎明の光芒を歩く―

豊島昭彦

旅のはじめに

この本の出発点は彦根である。それも、黒船が来る20年ほど前のとある質素な武家屋敷。主《あるじ》の名は、井伊直弼《なおすけ》。大老として幕府の政治を牛耳ることになろうとは、おそらく本人でさえ思ってもいなかった頃のことである。

埋木舎《うもれぎのや》という名の、直弼が15年間を過ごした老屋《ろうおく》を訪ねた時の驚きと感動から、すべては始まった。

井伊直弼という人物をそれほどよくは知らなかったということもあったけれど、私自身、それまで直弼についてあまりいい印象を持ってはいなかった。直弼というとどうしても安政の大獄のイメージが強過ぎて、どこか冷徹でダーティーな影がつきまとう人物のように漠然とだが思っていたからだ。

その直弼が、である。実は幕府の大老はおろか、彦根藩主にさえもなれる可能性がほとんど皆無で、一生を無駄に送るいわゆる部屋住みの身であったことを知った。前藩主であった井伊直中《なおなか》の十四男である。これはもう、奇跡でも起きない限りとても順番が回ってくるはずがない。

ところが、その奇跡が起こった。

この辺りの事情は本文で詳しく書くとして、私が埋木舎を訪れて深く感動したのは、直弼が可能性のない人生を埋木舎で15年間も生き続けながら、まるでこのような奇跡が起こることを予期していたかのごとく、精進を続けていた事実である。

心と頭の準備ができていなければ、たとえ藩主の座が巡ってきたとしても、務めおおせるものではない。直弼は、可能性がゼロのなかで15年間も、自分を磨き続けてきた。そのことに、私は強く共鳴した。


埋木舎を訪ねた後、私は直弼という人間に強い興味を抱いて、夢中になって直弼の生きた足跡を追った。そして私が次に思ったことは、人の苦労を肌身を以て知り尽くしているはずの直弼が、どうして安政の大獄という冷徹な措置を断行したのか、という疑問である。

埋木舎の直弼と、大老となった直弼とは、私の頭の中でどうしても同一人物とは思えなかった。私はそんな疑問を心に抱きながら、直弼が歩んだ道、すなわち彦根から江戸へと旅を重ねた。直弼に縁のある土地を訪ね、直弼が見たであろう景色を眺め、そしていろいろなことを想った。

歴史の表舞台に出てからの直弼は、短い時間の中で、まるで自分の運命を予知していたかのごとくタフな政治家ぶりを発揮して、そしてまさに桜の花びらが散るように、桜田門外の雪の中に消えていった。

実に潔い死だった。と言うよりも、実に潔い生き方だった。

直弼は事件の犠牲者であり、歴史においては往々にして犠牲者の方が不利に扱われる。主張したくても、もうこの世にいないのだから主張することができない。そんな直弼の無念さを、少しでも伝えたいという気持ちも強かった。


直弼の足跡をひと通り訪ね終えた私が、次に興味を抱いたのは黒船だった。

もちろん、黒船そのものに興味を持ったわけではない。黒船の背景にある大きな世界の潮流と、その流れに翻弄される日本、という大きなテーマにぶち当たったということである。その黒船への興味の接点となったのが、直弼だった。

心ならずも大老に就任した直弼が僅か2年間の大老在任期間のなかで最も腐心したのが、日米修好通商条約の締結交渉だった。勅許を得ないままに調印を断行したがために、後に攘夷派から大いに糾弾されることになり、ひいては直弼最大の失政とも言える安政の大獄を引き起こす原因ともなる。

直弼が締結した日米修好通商条約を頂点として、その前後の日本外交にまつわる歴史的出来事、すなわち、ペリーによる黒船来航に始まって生麦事件に至るまでの一連の事件を時系列に並べて、その歴史の舞台となった現地を訪ねて行った。

結論として、開国という直弼の下した判断は正しかった。この本の最終章で紹介する生麦事件が、私の回答である。生麦事件の後、薩摩とイギリスとの間で薩英戦争が勃発し、彼我《ひが》の力の差を痛感した薩摩は、藩の方針を攘夷から開国に転換する。同様に下関で4ヶ国連合艦隊と戦った長州も、攘夷の無謀なることを悟り、開国に転じた。この2藩が中心となって、時代は急速に討幕へと傾いていく。皮肉なことに、幕府を守るために直弼が命を懸けて断行した開国が、最後は徳川幕府に止《とど》めを刺すことになってしまう。しかしそれもまた、歴史である。いや、もしかしたら直弼は、幕府を守ろうとしたと同時に、日本を守ろうとしたのかもしれない。

この本は、私がそれぞれの土地で見て想ったことなどを書き綴ったものである。ちょっとした小旅行に出掛けたような楽しさを感じていただいて、気になる場所があれば訪ねて行けるガイドブック的な存在になれば、著者としてはこの上もない喜びである。

あつかましついでに、まだまだ世の中の人気度では少数派に属する直弼ではあるが、どうか温かい目で見て、彼の業績を素直に評価してあげてほしいと切に願う。

横浜開港150周年の記念すべき年に、記す。

豊島　昭彦

旅のはじめに

第一部　夜明け前の桜花　―彦根・江戸・京都　井伊直弼の足跡を訪ねて―

彦根篇
埋木舎　12
彦根城　23
多賀大社　32
高源寺　43
大洞弁財天・龍潭寺・井伊神社・清凉寺　51
天寧寺　59

江戸篇
彦根藩中屋敷跡（ホテルニューオータニ）　69
彦根藩上屋敷跡（憲政記念館）　79
彦根藩下屋敷跡（明治神宮）　88

江戸城本丸御殿跡（皇居東御苑） 94
旧品川宿（土蔵相模）・愛宕神社（水戸浪士集結の地） 108
桜田門 117
豪徳寺（墓所） 125
掃部山公園（桜木町） 136

京都篇
金福寺・圓光寺（たか女終焉の地・墓所） 146

第二部　黒船物語
――幕末外交史の舞台を巡る――

浦賀（ペリー来航地） 156
久里浜（ペリー上陸地） 170
関内（日米和親条約〈神奈川条約〉締結地） 176
下田（下田条約締結地、アメリカ領事館跡他） 186
九段下（日米修好通商条約交渉地） 205

神奈川宿（各国領事館跡他）　217
麻布十番（善福寺・アメリカ公使館跡）　228
高輪（東禅寺・イギリス公使館跡）　234
生麦（生麦事件）　245

旅の終わりに

主要参考文献

あとがき

井伊直弼・幕末日本外交史年表

第一部　夜明け前の桜花

―彦根・江戸・京都　井伊直弼の足跡を訪ねて―

彦根篇

埋木舎

舟橋聖一さんの名著『花の生涯』は、直弼《なおすけ》の生涯の友であり師匠となる長野主馬《しゅめ》（後の主膳）が、初めて埋木舎《うもれぎのや》に寓居する井伊直弼を訪ねるところから始まる。先の彦根藩主井伊直中《なおなか》の14番目の嫡男として生まれた直弼は、13人の兄全員が何らかの事情で藩主の座に就かないことにならない限り、藩主となることはない。可能性がゼロに等しい環境の中で、生まれながらにして失意の人生を歩んでいたに違いない。埋木舎とは、花も実も付けぬままやがて朽ち果てていく我が身を例えて、自嘲的につけた名前であった。

彦根城の天守を望むお濠の外側に面した場所に、埋木舎はひっそりと建っている。

折からの築城400年を祝うお祭り気分の華やぎの中で、格調高く聳える天守を訪れる観光客は多いのに、メインストリートからほんの僅かだけしか離れていないこの埋木舎を訪のう旅人は、あまりにも少ない。彦根城の天守を直弼の象徴のように思う人が多いかもしれないが、むしろ直弼の原点はこの埋木舎にある。

初めて私がこの埋木舎を訪れた時に強く心を惹かれたことは、ほとんど可能性のない人生の中で、直弼が気持ちを切らすことなく精進を続けた事実である。30歳を過ぎるまで可能性のなかった男が、その後とんとん拍子に大老まで上り詰めていくことができたのは、埋木舎時代の人間としての精進と蓄積とがあったからに他ならない。

ここが埋木舎であることを表す説明板がなかったら通り過ぎてしまうであろう質素な門。周囲の景色の中に溶け込んだような空間へと、私は恐る恐る門を潜った。正式には、尾末町屋敷と呼ばれている。彦根藩が所有していた武家屋敷の一つで、規模的には４００石取り程度の中級武士の住居であったという。

直弼は、天保2年（１８３１年）10月28日に、弟の直恭《なおやす》とともにこの埋木舎に移り住んだ。5月に前藩主であり実の父である直中が亡くなり、生まれてから17年間を過ごした城中の槻《けやき》御殿《ごてん》を退去しての、侘しい埋木舎での生活の始まりだった。

5歳の時に母のお富の方を亡くしている直弼にとっては、温かく成長を見守ってくれた父をも失い、深い悲しみのなかでの転居であったことが想像される。いつ終わるとも知れない部屋住みの生活。孤独で、前途がまったく見通せない失意の人生を直弼は歩き始めた。

彦根藩が部屋住みの身である藩主の子弟に与える扶持《ふち》（彦根藩では被進《まいらされ》米《まい》と呼ばれていた）は、

300俵と決められていたと言われている。今のお金にしてどのくらいの金額になるのかはよくわからないが、十四男とは言え、前藩主の嫡男である。その割には埋木舎は、質素過ぎる佇まいとの印象を受けた。

ふと気がついて周囲を見回すと、建物の周りには様々な木がバランスよく配置されている。春には梅や桜の花を愛で、秋には萩やつわぶきに想いを寄せ楓《かえで》を賞する。失意の直弼を慰めてくれたのは、あるいはこれらの木々であったかもしれない。

玄関の左手から建物に沿って庭の奥へと歩を進める。

部屋数はそれなりにあるが派手な装飾は皆無で、あくまでも質素な木造の建物である。いつ頃の建造かは明らかでないが、少なくとも直弼が居住を始めた時にはすでに70年以上が経過していたようだ。部屋の中に入ることはできないものの、目の前のこの建物に直弼が起居していたということ。しかもそれが、今からまだ150年ほどしか前のことでないという事実が、直弼を遠い歴史上の人物から身近な存在に引き寄せてくれる。

部屋には、直弼が愛用していた食器などの品々が展示されている。湖東焼という土地の焼き物が風趣をそそる。直弼はごくごく地味な生活を心掛けていたのだろう。歴史の大きな流れから取り残されたエアーポケットのような空間が、この埋木舎である。

可能性のない人生であり、だからと言ってあくせく働く必要はない身の上であるから、このまま時に流されて気楽に生きていくこともできたはずである。もしそのような生き方を直弼がしていたとしたら、彦根藩主となることも叶わなかったかもしれないし、ましてや、幕府の最重要職である大老の役職を務めおおすことはできなかったに違いない。

直弼の心の中には、野望の灯が消えていなかった。

直弼がこの埋木舎に居住していた15年間の間に、実は少なくとも2度、直弼の人生を変えるチャンスがあった。

一つは、同居していた弟の直恭とともに江戸に出府して他家の養子となるべく活動を行った時である。

埋木舎に移って3年後の天保5年（1834年）から約1年間、直弼と直恭は江戸に滞在して他家の面接を受けた。これで埋木舎の耐乏生活から解放される。直弼は飛び上がる思いで江戸に向かったに違いない。

ところが結果は、弟の直恭のみ縁組が決まり、日向《ひゅうが》延岡藩7万石の藩主となった。直弼はどこの藩からも声がかからず、翌天保6年（1835年）、空しく一人で埋木舎に戻ることになる。

直弼の養子縁組が成立しなかった理由は明らかになっていない。が、弟に先を越され、後に残された直弼の気持はいかばかりであったか、想像するだに忍びない。

もう一つの転機は、天保14年（1843年）頃、長浜の大通寺から直弼を法嗣に迎えたいとの嘆願書が彦根藩に提出された時である。仏教に深く帰依していた直弼は、大通寺からのこの申し出に前向きであったと伝えられている。

大通寺は彦根藩ともつながりの深い真宗大谷派の名刹で、寺格としても申し分はない。このまま一生を日陰の身として過ごすことを考えれば、願ってもない申し出であった。ところが今回は、藩が大通寺の願い出を認めなかった。

世嗣《せいし》である直元《なおもと》に子がなかったため、家督相続問題がこの頃すでに彦根藩の重要な懸念事項となっていたようである。万一の場合には直弼が世嗣となる道筋がある程度できていたことが窺える。しかし直元に世継ぎが生まれれば、直弼は永遠に部屋住みのままとなる。

直弼は、将来の不確定な出世よりも、足許の確実な人生を選択したかったのだと思う。すでに埋木舎に住まわって12年の歳月が流れていた。人間としての直弼の素直な願いだったのではあるまいか。直弼にとってどちらが幸せだったかはわからないが、結果論としての歴史は、二つのチャンスを直弼から奪って、彦根藩主への道を用意した。

直弼は、この埋木舎での15年間をいかにして過ごしたのか?

これが埋木舎を訪れての私の最大の関心事となった。この回答に迫る前に、その傍証ともなり得る一つの事実に着目することにしたい。

この尾末町屋敷を一般に「埋木舎」と言う。

世の中をよそに見つつもうもれ木の
埋もれておらむ心なき身は

自らの心境を吐露する歌にあるごとく、直弼は我が身を埋もれ木に擬《なぞら》えている。ところが直弼は、15年間を通じてずっと埋木舎と称していたのではなく、途中から柳和舎《やぎわのや》、またその後には同じ読みだが柳王舎《やぎわのや》と称するようになっていく。

柳は、直弼が好んだ木であったという。

弱いようでいて風に靡《なび》いてけっして折れることがない柳の枝を、直弼は我が身に最も相応しい象徴と考えたのではないか。

柳和舎と称するようになった直弼には、自らを自嘲的に埋もれ木と称していた頃の、自己否定的で忍耐心のみに頼るような絶望感から一歩進めて、前向きに自分の人生を生きていこうとする意欲が感じられる。

徒《いたずら》に世の中や為政者に逆らうのではなく、柳の枝のようにしなやかに生きる。数々の苦難の末に辿りついた直弼の悟りの境地だったのかもしれない。

直弼がそこまで意識していたかどうかはわからないが、柳の木は地中深くに根を強く張る木として知られている。古来、河岸に多く柳の木が植えられる理由は、その根の強さにより決壊を防ぐ狙いがあると言われている。

表面上は柔らかくしなやかに靡いて風の力を受け流しながら、地中には断固として動じない強い根を張る。

直弼が柳の木を愛した理由が、私には痛いほど理解できた。

あるいはもう一つ。柳と言えば小野道風《おののとうふう》の逸話(1)も思い起こされる。それらすべてを踏まえたうえで、直弼の精神は埋木舎から柳王舎へと成長を遂げていったのだろうと思う。

両親に先立たれ、弟の直恭には養子縁組で先を越され一人で江戸から彦根に戻った直弼は、孤独であり失意のどん底にあったものと思われる。しかし直弼は、けっして打ちひしがれはしなかった。強い信念を持ち続けて自己研鑽に努めた。この頃の直弼の睡眠時間は、僅か4時間だったと言われている。

文字通り、寝食を忘れての精進が続けられた。

彦根藩の藩主の子弟に課せられたカリキュラムは、実に多岐に亘っている。武道と学問については、藩校の師範クラスの者が埋木舎に出向いてマンツーマンでの指導が行われた。藩主となる可能性が限りなくゼロに等しくとも、藩主の子弟である。武士としての基本を直弼はしっかりと叩き込まれていったに違いない。

意外なことに、直弼が学んだ学問の中には、伝統的な和学のほかに洋学も含まれていた。直弼の開国論の考え方は、実はこの時に芽生えたものである。

加えて直弼は、茶の湯と禅に強い興味を持っていた。文武の道のほかに、文化人としての側面を有し、かつ、思想的背景も持ち合わせていたことになる。

直弼は、禅をはじめとする仏教に深い興味を抱いていた。直弼の参禅修業のことは、別の項でもう少し詳しく触れることになると思う。茶道については、この場を逃すと触れる機会がないかもしれないので、少し詳しく触れておく。

埋木舎表門

埋木舎玄関

埋木舎表座敷

埋木舎には、「澍露軒《じゅろけん》」と呼ばれている茶室がある。

元々の尾末町屋敷にはなかったものであり、直弼が屋敷の一部を改造して作ったものと言われている。庭に不自然なかたちで突き出した茶室を見ると、さもありなんという風情である。

茶道における奥義を表す言葉の一つに「一期一会」がある。

元々は千利休の弟子である山上宗二《やまのうえそうじ》が『山上宗二記』の中で師の言葉として記したのが初出ではないかと思われるが、直弼が著書『茶湯《ちゃのゆ》一会集』の冒頭で茶道における一番の心得として一期一会という言葉を紹介したのが、世に拡まるきっかけとなったと言われている。

同じ人と同じように会っていても、まったく同じ時間は存在しない。今あなたと会っていることの一瞬一瞬を、二度と戻らない時間として大切に意識し、そういう心で人をもてなしなさい。

実に味わい深い言葉であるし、人生に普遍的に通じる言葉だと思う。人と人との出会いが一期一会であれば、一日一日も同じ日はけっして来ないという意味において、一期一会である。直弼はこの一期一会を心に刻み込んで、15年間の長い歳月を日々新たな気持ちで大切に過ごしたのかもしれない。

このようにして考えてみると、直弼の茶道における悟りの結晶である一期一会という言葉が、しみじみと心に沁みわたる。

直弼の理想とする茶道は、珍しい茶器や豪華な茶室を愛でるような世俗的で表層的な茶道ではなく、貴賤の別なく心を静かにしてひたすら主客が茶を通じて心を交える茶道の真髄であった。

澍露軒に端坐しながら直弼は、遠い将来を澄んだ心で見据えていたのかもしれない。

埋木舎といえば、どうしても触れないわけにはいかないのが、長野主膳である。最後に直弼と主膳との出会いについてを簡単に記して、埋木舎を去ることにしたい。

主膳（当時は主馬）が初めて埋木舎を訪れたのは、天保13年（1842年）11月20日のことであった。度重なる直弼からの要請に応えるかたちで埋木舎を訪れた主膳は、直弼と意気投合してそのまま三晩にわたって共に語り合ったと伝えられている。

初めて会った人にそれほどの執心を抱くということは極めて異例なことのように思うが、主膳の評判は彦根藩にも聞こえていて、直弼は主膳の訪問を心待ちにしていた。学問への希求を渇望し孤独な生活を続けていた直弼にとって、主膳の訪問は待ちに待っていた恋人の来訪にも似た興奮をもたらしたのかもしれない。

直弼と主膳は、それほどの運命の糸で強く結ばれていた。

直弼はこの時から主膳を師と仰ぐ。それまでの儒教を中心とした彦根藩古来からの思想に、主膳の国学の思想が色濃く反映されるようになっていく。

主膳はやがて直弼の懐刀として京都で敏腕をふるい、攘夷志士たちに怖れられ憎まれる存在となっていく。良くも悪しくもあれ、その二人の関係の出発点となったのが、この埋木舎であった。

埋木舎を訪れて私は、ささやかだが心高まる感動を覚えた。

すでに40代を迎えて未だに将来への展望が展けない我が身を振り返って、志を高く持ち続け、常に心の準備を怠らなかった直弼の生き方が、心に鮮やかに映った。直弼のようにはいかないけれど、心の準備を大切に守りぬいていけば、私のささやかな人生もまだまんざらでないかもしれない。

幽かだが満たされた心持ちで、私は埋木舎を後にした。門外の道からお濠を隔てて見上げる彦根城の天守が、眩しかった。

（1）柳の枝に飛びつこうとしている蛙を見た小野道風は、不可能なことに執心する蛙を馬鹿な奴だと嘲笑う。しかし蛙はけっして諦めることなく柳の枝に挑み続けて、ついに柳に飛びつくことに成功する。それをじっと見ていた道風は、蛙のたゆまぬ努力に感銘を受け、書道の道を極めるきっかけになったという言い伝えである。

彦根城

姫路城や松本城など現存する天守を持つ城は、全国でも僅かしかない(2)。その中で、優雅な姿においては、彦根城の右に出るものはないと私は思っている。

平成19年(2007年)は、その彦根城が築城されて400年とされる年であり、400周年を祝う様々な行事が行われた。市を挙げての一大イベントに、全国から多くの観光客がこの城を訪れた(3)。JR彦根駅に降り立つと、真正面に天守が聳える彦根山を望むことができる。駅から歩いて行けるロケーションは、ありがたい。

城下町の雰囲気を感じながら次第にお城に近づいていく気持ちは、悪くない。心地よい緊張と期待。途中の和菓子屋に立ち寄って、季節の和菓子などを食べながら歩くのも、旅の気分を盛り上げるのには楽しいかもしれない。やがて緑色の水を満々とたたえる濠が現れ、カギ形に曲がる城門跡を通ると、もう城への登り口は近い。

彦根城は、井伊直政《なおまさ》の子、直継《なおつぐ》と直孝《なおたか》が築城した城である。初代藩主井伊直政は徳川家康の三河時代からの寵臣であり、その手兵は一様に独特の赤い鎧を着用した精兵であったことから、井伊の赤備えとして戦場で恐れられた存在であった。

関ヶ原の戦いで石田三成率いる西軍を打ち破った家康が、その褒賞として井伊直政に佐和山城を与えたのが始まりであると伝えられている。直政の死後、跡を継いだ直継の時代になって、彦根城が築城された。

佐和山城は、彦根城からそう遠くない場所に位置している。城郭的な観点からはむしろ優れていたと言われる佐和山城をそのまま居城とせず彦根に拠点を移したのは、落城した佐和山城があまりにも凄惨であったからだと言う。敗者の常とは言え、女子供までが城壁から身を投げて果てたという光景を想像することは心に苦しい。

呪われた城を捨てて心機一転、直継は彦根山を新たな居城と定めた。

彦根城は、典型的な平山城である。京都にも程近い交通の要衝に位置する彦根城は、関ヶ原の戦いに勝利したとはいえまだ秀頼が存命であった築城当時、徳川幕府にとって重要な戦略拠点であった。さらに言えば、一朝京都で変事があった際には、御所から天子を擁してこの彦根城に匿う秘密の使命を帯びていたとの説まである。その説を裏付けるかのように、普通は城の正門を意味する大手門が、城の西南、京都寄りの位置に置かれている。

琵琶湖を背にするようにして聳え立つ天守までの道程は、長く険しい。不自然に遠回りをしながら、一気に標高差を克服することは、身軽な出で立ちの私たちでさえ容易なことではない。甲冑に刀剣を携えての城攻めは、さぞかし難攻を極めるであろうことは想像に難くない。

しかしながら、緑に覆われた山道のような天守への道は、一方で心地よい。心が洗われるような木々の色と長閑《のどか》に囀《さえず》る鳥たちの声。流れ出ずる汗さえ、心地よいものとなる。もうすぐ天守に対面が叶うと思うと、苦しさが期待感へと変換されていく。

歩を進めていくと、左右を高い石垣に挟まれ谷のように仕組まれた道（掘切と言う）の行く手に、仰ぎ見るように架かる木の橋（廊下橋）が出現する。あと少しで天守という位置だ。いよいよ敵が本丸まで肉薄してきた際には、この木橋を焼き落して最後の籠城作戦を展開する魂胆だったのであろう。その実戦のための防御施設が、今では周囲の景色に野趣を添えるアクセントとなっているから、またおもしろい。

長浜城から移築したと言われている重要文化財の天秤櫓《てんびんやぐら》を越えると、天守が優美に聳える本丸に辿り着く。

間近に仰ぐ彦根城の天守は、なんとお洒落で優雅なものか。

思わず誰もが足を止めて眺め入る。細部に金色の装飾が施され、戦いの道具として作られたとは思えない艶やかな姿に、400年前の井伊家の武士たちの意匠を感じる。彦根城の天守には、春爛漫の桜の花が実によく似合う。あるいは、琵琶湖を背景に真っ赤に空を染める夕暮れの天守も心に刻まれる風景であるかもしれない。

そんな淡い恋心のような思いを抱いて天守内に入り込むと、思いは一転する。天守の中は、戦国時代そのものと言ってもいいかもしれない。太い芯柱、薄暗い採光、手摺がなければ昇れない急峻な階段、石落しや狭間などの実践的な装備。そこには、戦いの目的以外のすべてを排除した厳格さがある。ひんやりとした木の冷たさが、感触として残る。ここは、江戸時代からの400年間を耐え抜いてきた城そのものなのだ。

唯一、そんな私の心を慰めてくれたものは、最上層から見下ろした彦根の街と静かな琵琶湖の湖面であった。井伊直弼も150年前に、こんな風にして琵琶湖を眺めただろうか。彦根の街並みはしっとりと落ち着いていて、琵琶湖の湖面はキラキラと静かな輝きを見せていた。

彦根城を訪れて私は、改めて彦根藩主としての直弼のことを想った。

直弼は、この彦根城中で生まれている。文化12年（1815年）10月29日に前藩主井伊直中《なおなか》の十四男として槻御殿《けやきごてん》で生を受けた。今の玄宮園に隣接したところにある黒門前屋敷がそれである。

この槻御殿は、第4代藩主の井伊直興《なおおき》が延宝5年（1677年）に建設に着手し同7年に完成したもので、藩の下屋敷として使用された。正面に玄宮園の壮大な庭園を望み、右手上方に天守を見上げる絶好のロケーションにあり、槻の木材をふんだんに使用した豪勢な御殿が、今でもきれいに保存されている。

この贅沢な御殿で直弼は、父の愛情に恵まれながら、何一つ不自由することのない幼少期を過ごしたことだろう。

その後17歳までの多感な時期を過ごした直弼は、父直中の死去に伴い埋木舎に移り住んだことは、前に書いた。

それから幾星霜の後、歴史は彦根藩主として直弼を日本史の表舞台に引きずり出した。嘉永3年（1850年）11月21日のことである。直弼は、桜田門外の変で暗殺されるまでの約10年間を彦根藩主として藩政に君臨する。

彦根城を訪れたことを契機として、私は藩主としての直弼の治世を想った。井伊直弼と言えば幕府の大老としての印象が強烈だが、同時に直弼は彦根藩主でもある。藩主としての直弼はどのような殿様であったのか。

井伊直弼と言うと、鉄の男というか冷徹非情なイメージが付きまとうが、彦根の人たちにとっての直弼のイメージは、それとはまったく異なる。直弼は彦根が生んだ最大の歴史的人物であり、直弼は彦根の誇りでありシンボルである。

なぜそのような意識のギャップが生じるのか？

それは、直弼を遠い存在として単なるイメージだけで表層的に捉えるか、おらが殿様として身近に感じ親しみを持って本質を捉えるかの相違なのではないか。彦根の人たちにとっての直弼は、幕末の動乱を生きた実在の人物なのである。

直弼は、前藩主であった兄直亮《なおあき》の40年続いた独裁政治の後を継いで藩主となった。人格的にも問題があり、けっして臣民の信任を得ているとは言えない兄の藩政をつぶさに見てきて、思うところがあったに違いない。

直弼は直亮の世嗣《せいし》となった直後から、仁政ということを強く意識した発言を行っている。

「第一我等が心中に昼夜忘れ難く存じ候は、譜代の家来共に早々安穏の思いを致させたく、次は下方民すべて領分の地に住所の者は禽獣《きんじゅう》に至るまでも、仁政広く下流致し候様にと、兼日密々

鍛錬致し候より他事これなく候」(4)

用人役の三浦高秋に宛てた書状に直弼の政治信条がよく表れている。

兄の独裁政治の反省からか、直弼はまた、臣下からの諫言《かんげん》を大いに奨励している。心を謙虚にして、臣下の進言を素直に受け入れる。そこには、直弼が厳しい修行から得た禅の悟りの境地が影響していたかもしれない。一見頑固で、他人の意見などに聞く耳を持たないイメージが強い直弼であるが、むしろ直弼の政治の原点は臣下との協調による開かれた政治にあったのだ。

その結果として、直亮時代には途絶えていた、あるいは形骸化していた家老による評議制が、直弼の時代に復活している。

藩主の鶴の一声ですべてが決まる独裁君主政治をイメージしていた私には意外であったが、江戸時代の藩政は実質的には重臣たちによる合議制で、藩主は合議体が決定した事項に同意することくらいの権限しか持っていなかったというのが実情であったようだ。

このような合議政治は藩政においてのみならず、幕府政治そのものも、老中たちによる合議制で行われていたことは、のちにまた触れる。

さらに、藩主になって初めて彦根入りした嘉永4年(1851年)6月以降、直弼は藩主在任中に実に9度にわたって領内を巡回している。隈なく藩内を巡って領民の生活を実地に見聞して回ることで、直弼は藩内の情勢を正確に把握しようとした。自分の目で見て確かめることが、直弼の藩政のもう一つの出発点であったのかもしれない。

彦根城槻御殿

彦根城天守

彦根城佐和口多門櫓

彦根城廊下橋

此のほどの旅の疲れも忘れけり
民すくはんと思ふばかりに

流麗な歌の多い直弼にしてはわざとらしくて、お世辞にも佳作とは言えない歌だが、藩内巡回において詠んだこの歌に領民を思う気持ちがよく表れているので、引用した。

また直弼は、藩校である弘道館の改革にも取り組み、藩主自らが出向いて講義を受けるなどして士気を高め、人材の育成に尽力した。


藩主就任以来こうした新施策を矢継ぎ早に実行に移した直弼は、前藩主直亮時代に停滞していた藩の空気を一新させることに腐心した。

堰を切ったように繰り出される直弼の新政策により、彦根藩はみるみるうちに活気を取り戻していったに違いない。彦根の人たちがいまだに直弼のことを慕っているのは、このような直弼の藩主としての善政があったからに相違ない。

しかし直弼が彦根藩主だった時代は、直弼をして藩政に専念することを許さなかった時代でもあった。直弼が藩主となってわずか2年半後に、ペリーが率いる黒船4隻が忽然と浦賀に現れた。この時以来日本は、外夷に翻弄されることになる。

直弼はおそらく、心を安らかにして秀麗な天守から琵琶湖の湖水を眺めることはなかったかもしれない。ふとそんな想いが頭をよぎって、私はちょっと落ち込んだ気持ちになりながら、天守のある本丸広場を後にした。

昇りの急峻さに比べて、下りは楽で早い。気がつくと、山の麓にある彦根城博物館まで一気に降りていた。博物館には井伊家と彦根城の歴史が盛りだくさんに展示されている。本丸御殿の一部も復元されていて、往時の彦根城の姿を想像するには格好の情報を提供してくれている。

彦根駅まで戻る道を少し遠回りして、夢京橋キャッスルロードを歩いた。歴史のある城下町には食欲をそそる伝統的な料理や和菓子が多く残っている。受け継がれた伝統に新しい技術やセンスを加味して、新たな創作を売り物にしている店もある。そんな店の一つ一つを覗きながら彦根城の余韻を楽しんだ。何度も彦根山を振り返りながら。

（2）弘前城、松本城※、犬山城※、丸岡城、彦根城※、姫路城※、松江城、備中松山城、丸亀城、高知城、松山城、宇和島城の12城（そのうち、国宝は※印の4城のみ）。

（3）開会期間中の来場者数は、76万4484人（国宝・彦根城築城400年祭実行委員会HPより）。

（4）第一に我々が心の中に昼夜忘れずに抱いていなければならないことは、譜代の家来たちに安穏の思いをさせること、その次は藩内すべての領地内に居住している者は人間だけでなく禽獣に至るまで、仁政を広く下々まで施すようにと、毎日鍛錬することよりほかにはありません。

多賀大社

村山たか女《じょ》という女性について知りたいと思った。

謎の多い女性である。と言うよりも、私はほとんどたか女のことを知らない。埋木舎《うもれぎのや》時代の井伊直弼《なおすけ》の愛人であったこと、安政の大獄に際して長野主膳と共に京都で諜報活動に奔走したこと、そして直弼亡き後に捕えられて三条河原で三日三晩晒されたこと。

私が知っているたか女は、これがすべてと言っても過言ではない。

詳細がわからないということが、小説家にとってはかえって想像力を駆り立てる格好の材料になるのだろう。井伊直弼を題材とした小説の中に登場してくるたか女は、実に生き生きと描かれている。その中の一つ、諸田玲子さんの小説『奸婦《かんぷ》にあらず』には、主人公である村山たか女の本拠地として、ここ多賀大社が度々登場する。

紀州徳川家と深いつながりを持ちながら、地元の井伊家にも強い影響力を擁する隠然たる政治的権威。坊人《ぼうにん》と呼ばれる特殊能力者（＝忍者）を駆使して政治的工作や諜報活動を展開する不可思議な集団。由緒がある神社でありながらきな臭さを感じさせる無気味な存在として、諸田さんはこの多賀大社のイメージを作り上げた。

多賀大社とは、いったいどんな神社なのか？　私の好奇心は高まった。と同時に、多賀大社でたか女の足跡を確かめたい。二つの思いが重なり合って、いつしか私は多賀大社行きを渇望するようになっていた。

今回多賀大社を訪れることが叶って、長年にわたって抱き続けてきた願いをようやく私は実現させることができたのだった。


多賀大社の門前街は、門の左右に横に拡がっている。普通の門前街が門からまっすぐ正面に伸びているのと比較すると、極めて稀な形態である。大社に詣でる前に、そんな門前街の土産物屋で、まずは当地の名物である糸切り餅を食べてみることにした。

この糸切り餅を、たか女も食べたであろうか？　棒状の長い餅を糸で切って食べやすい一口サイズに整えたところから名付けられたという可憐な和菓子だ。白地の柔らかい餅に、縦に青と赤の線が入っている。中の餡子が甘すぎず食べやすい。実演販売をしている店や、店内でお茶のサービスを行っている店もあり、門前街の楽しい気分を味わった後、多賀大社の鳥居を潜る。

鳥居の前に立つ時、何と言っても目を奪われるのが、太鼓橋だ。

太鼓橋と言うと、私はすぐに鎌倉の鶴岡八幡宮の太鼓橋を思い浮かべてしまうが、ここ多賀大社の太鼓橋は、急峻な角度が半端ではない。橋には滑り止めの太い丸太が幾本も据え付けられている。この滑り止めに頼らなければ、橋を渡り切ることは至難の技である。

もっともそんな危険を冒さなくても、もちろん橋の脇を通れば難なく大社に詣でることができるのでご安心を。

お伊勢参らばお多賀へ参れ　お伊勢お多賀の子でござる
お伊勢七度熊野へ三度　お多賀さまへは月参り

俗謡にもある通り、地元の信仰は厚い。多賀大社の祭神が伊邪那岐命《いざなぎのみこと》、伊邪那美命《いざなみのみこと》であり、伊勢神宮の祭神である天照大神《あまてらすおおみかみ》の生みの親であることから出た俗謡であろうが、これを全国に宣伝して歩いたのが、坊人であると言われている。諸田玲子さんが小説の中で作り上げたような怪しい政治組織が存在していたかどうかは別として、恐るべき組織力であり行動力である。

滋賀地方の一つの古社でしかなかった多賀大社の名が全国的に知れ渡っているのは、坊人の功績が大であったものと思われる。と同時に、坊人によって全国津々裏々の情報が多賀大社に集中する。今のような情報インフラが整備されていない江戸時代において多賀大社は、情報の重要な集積基地の役割を果たしてもいた。

それともう一つ。多賀大社の名前を日本中に拡めたのは、天下人である豊臣秀吉だろう。母である大政所《おおまんどころ》の延命を願い、「3年、それが叶わなければ2年、いやせめて30日でも」と多賀大社に祈念したことが伝えられている。入口のところにある太鼓橋は、その願いが成就したことにより秀吉が寄進したもので、太閤橋と呼ばれている。

多賀大社では平成の大造営が行われていた（訪問当時）。平成19年（2007年）9月に本殿屋根の桧皮の吹き替え工事が完工し、装いを新たにしたばかりだ。私が訪れた季節は折しも紅葉が燃え盛る秋の季節で、境内のあちこちに植えられた楓《かえで》の木々が、鮮やかな色合いを見せてくれていた。

紅葉のピーク時であるにも拘わらず参拝客はまばらで、閑散としたとの印象を免れないが、2月の節分祭や8月3日〜5日に行われる万灯祭の際には、大勢の参詣客で溢れんばかりになると言う。長寿の神様として、また、縁結びの神様として、篤い信仰心を集めている。

私もそれにあやかったわけではないが、境内にある茶屋で長命そばを食べてみた。何ということはない普通の蕎麦《そば》であったが、こういう所で食べるとどこかありがたく感じてしまうのは、私も日本人だなぁとつくづく思ってしまう。

多賀大社を訪れたら絶対にお勧めなのが、奥書院の庭園だ。社務所でお願いすると拝観することができる。大々的に案内がされているわけではないので、知らずに帰ってしまう参詣客が多いのではないか。

庭園の拝観者は、拝殿に向かって左側にある立派な社務所を兼ねた会館から中に入る。あとは勝手に館内の案内表示に従って細い廊下を進んでいく。古風な廊下には、有名人が奉納した絵馬が多数展示されていて、それを見ているだけでも楽しい。

庭園を巡る廊下は迷路のように入り組んでいて、神社の舞台裏に思いがけず迷い込んでしまったような不思議な感覚になれる。古風なガラス窓越しに眺める楓の木やさりげなく配置された庭石が趣深い。神社の奥にこんな不可思議な空間が拡がっていることに、私は驚いた。京都のお庭のような枯山水があるわけではない。回遊式の大がかりな築山や池が造作されているわけでもない。古びた廊下のガラス窓を通して垣間見るだけの景色なのだが、私には今までに見たことのない新鮮な世界に見え、同時に驚きを覚えた。

外界の喧騒から隔絶された静寂の世界で、私は多賀大社の神秘を想った。この神社には、他の神社にない何かがある。私は不思議な力に気押されながら、庭園を後にした。

再び戸外に出たのち私は、多賀大社の神域の中でたか女の足跡を示すもの、例えば案内板とか石碑のようなものでもいいので何かないものか、と期待してしばらく歩いてみた。しかし残念ながら、たか女がここで生きた痕跡を確認することはできなかった。

と同時に、政治の世界に隠然とした影響力を持つ秘密結社のような怪しい雰囲気を感じることもなかった。

大鳥居を出た私は、鳥居を背中にして右側に続いている参道を歩んだ。多賀大社の中にはたか女の足跡を見出すことができなかったものの、門前街にたか女の生家跡があるはずだった。インターネットで調べた結果を手掛かりに、みやげもの屋が立ち並ぶ参道をどんな痕跡も見逃すまいと、一軒一軒丹念に覗き込みながら歩いて行った。

見知らぬ人が見たら、怪しい行動と見られたかもしれない。なにしろ、土曜の昼下がりだというのに参道は閑散としていて、そこにものを物色するような目つきでそろりそろりと歩いていた

不二家（たか女生家跡）

やまだ精肉店（同上）

多賀大社

のだから。

あった。

「幕末悲劇の女性　村山たか女の生まれた家」と書かれた看板が、あった。今では不二家という名前の食事処となっている。黒を基調とした柱と白い壁が調和した、瀟洒《しょうしゃ》な造りの建物が落ち着いていて、いかにもたか女にゆかりのある土地に似つかわしく感じられて、好感が持たれた。

もう一軒、不二家の右側にあるやまだ精肉店の店先のガラス戸にも、「村山たか女の住処」と書かれたたか女の履歴が表示されていた。近江牛の看板を掲げるこちらの肉屋も、門前街に相応しい店構えであることに安堵した。

たか女の生家は、この2軒にまたがる広い敷地に存在していたということか。

説明書きによると、たか女は皇族の血をひく尊勝院の尊賀上人を父に持ち、般若院《はんにゃいん》院主の娘であり花柳界にもゆかりのある藤山くにを母とする名家の生まれであったことが書かれている。

しかしながら、たか女の出生には種々の異説もあり、実際には出自は明らかでないと考えるのが妥当であると思う。ただし不確かではあるものの、多賀大社との間には何らかの縁《えにし》で結ばれていたと考えることは自然なような気がする。

「たか」という名前は、「多賀＝たか」に通ずる。

歴史的な実像が存在しないことを奇貨として、作家たちは想像力を駆使してたか女像を創り上げていった。舟橋聖一さんは『花の生涯』のなかで、たか女を三味線のお師匠さんとして直弼のもとに通わせた。直弼とたか女との逢瀬は、やがて男と女の道へと連なっていく。諸田玲子さんは『奸婦にあらず』で、後述する大洞《おおほら》弁財天の申し子であり多賀大社の坊人としてたか女を描いた。舟橋聖一さんはたか女の才色兼備と妖艶さを前面に出し、諸田玲子さんは特殊技能を修めた女スパイとしてのたか女像を創り上げていった。

私のなかでのたか女はどんな女性であるのか？　以下は、想像における私のたか女像である。何の史実的根拠もないことを申し添えておく。

たか女は、存在しているだけで周囲の注目を一身に浴びるような、匂いたつ妖艶さをもった女性だったのではないか。その美貌を買われて藩主であり直弼にとっては兄にあたる直亮《なおあき》の侍女となる。

ところが癇癪《かんしゃく》の強い直亮の性格に辟易したたか女は、侍女を辞して一時祇園の芸妓として身を立てる。この頃たか女は一児をもうけている。

どのような契機で埋木舎に起居する直弼のもとにたか女が通うようになったのかはわからない。スパイ目的で直弼のもとに接近したという考え方は、直弼が将来のない部屋住みの身であったことを考えると、現実的でない。

たか女は、歌舞音曲《かぶおんぎょく》のほか和歌の道にも長じていて、一流の教養を身につけた人物であったことが窺える。加えての美貌である。埋木舎でいつ果てるとも知らぬ耐乏生活を続ける直弼にとってたか女は、相手として不足のない教養人であり、たか女の存在は闇の中の一縷《いちる》の光明であったことは想像に難くない。

直弼の知的好奇心を充足できる唯一の女性が、たか女だったのではないだろうか。

やがて埋木舎に長野主膳が出入りするようになると、和歌の贈答や添削などを通じて三人の親密な関係が構築されていくことになる。

時が転じて直弼が世嗣《せいし》となって江戸に赴くと、たか女は直弼にとって難しい存在となる。藩主であり兄である直亮の異常なまでの干渉が、直弼のたか女への愛情を委縮させたのではないだろうか。直弼は、従兄弟である福田寺《ふくでんじ》の摂専や信頼する家来である犬塚外記《げき》への書信でさえ、直亮からの嫌疑を恐れて自粛しているくらいだから、たか女に連絡を取ることさえ思いに任せなかったに違いない。

たか女への熱い思いは直弼の心になお存するものの、彦根藩35万石を受け継ぐ身としては、公人としての我が身のことを優先させて考えなければならない。

人一倍責任感の強い直弼は、自らのことを差し置いて、将来の藩主としての自分の立場を全うしようと努めた。一人の男としては、まさに断腸の思いであったに違いない。不自由ではあったけれど気楽だった埋木舎での日々を、直弼は心から羨んだのではないか。

敢えて冷たい仕打ちとも思える直弼の態度に、たか女は絶望のどん底に突き落とされる。心から愛する人が、よもや格式高い彦根藩35万石の藩主になろうとしているとは。我が身の不幸を呪ったことだろう。

そんなたか女の傷心を支えたのが、今では直弼の腹心となりつつある長野主膳であった。たか女は、主膳とも結ばれ、やがては主膳とともに京都での諜報活動に身を投じていく。

たか女は、恋の多い女性であった。と言うよりも、どこに行っても男が彼女を一人にしておくことを許さなかったに違いない。才色兼備で情にも細やかな彼女は、それほど傑出した存在だったということなのだろう。

一度は直弼に捨てられた身であるのに、何故たか女は我が身の危険を冒してまで京都で直弼のために諜報活動を続けたのか？　彼女は自身のみならず、一人息子である帯刀《たてわき》までをも犠牲にしている。

たか女にとっての直弼は、生涯において唯一、心から愛した男性だったのではないだろうか。階級に厳格であった江戸時代において、直弼が世嗣となった瞬間から、直弼はたか女にとって手の届かない遠い存在となってしまった。

そのことを十分に理解したうえでたか女は、一方的に直弼のために生きた。身に降りかかる危険を顧みず、直弼のために京都の街を走り回った。なんと健気な女性であったことか…。

私の根拠のない想像はこのくらいにしておく。

この地で生まれたたか女が、やがて直弼や長野主膳と出逢い、そして数奇な歴史の運命に翻弄されていく。そんな波乱の人生を、改めて思った。不思議な女性である。しかしどうしても気になる女性なのだ。たか女の生きた時代の困惑や苦悩など、今のこの平和な多賀大社の姿からは想像するべくもない。

できることならいつか、たか女が最晩年を過ごした京都市左京区の金福寺《こんぷくじ》と、圓光寺《えんこうじ》にあるというたか女の墓(5)に詣でてみたいと思った。たか女の人生を想う時、それは取りも直さず直弼の人生の一部であり、幕末日本史の重要な一場面であったということを強く意識せざるを得ない。

(5) たか女は文久2年(1862年)、勤皇の志士によって三条河原で晒し者にされたが、3日後に助けられて金福寺に入り、尼(妙寿尼と名乗る)として明治9年(1876年)までの14年間を過ごし、当寺で生涯を終えた。法名は清光素省禅尼と言う。本堂では、たか女の遺品が拝観できる。たか女の墓は、金福寺に程近い圓光寺にある。

高源寺

たか女の肖像画があるという。

多賀大社を訪れてたか女への想いを熱くしていた私に、たか女の肖像画が残されているという情報が飛び込んできた。それも、同じ多賀町にあるお寺らしい。私が得た情報はこれだけだったのだが、この僅かな情報をもとに調べた結果、犬上《いぬかみ》郡多賀町楢崎《ならざき》にある高源寺という臨済宗のお寺に、たか女の絵があるということがわかった。

取るものもとりあえず、私は高源寺を目指した。

多賀大社の南方約５㎞、犬上川を遡り、川から右手に少し入ったところに、目指す高源寺はあった。近くには紅葉の名所である湖東三山《さんざん》などの観光地が点在するが、当寺は観光客目当ての寺ではないので、目立った案内板などはない。迷いながら目当ての寺を探し訪ねる旅となった。

密かに思いを寄せている女性に逢いに行くような思いを抱きながら、私は高源寺を探した。やがて背後の山に昇っていく細い道の正面に、大きくはないがどっしりと落ち着きのある門が見えてきた。これが、佐和山城の裏門を移築したとの説もある高源寺の総門だった。

遠くでうぐいすの声が聞こえている。門前の竹林にタケノコを見つけた。参道の脇に清水が流れ、太陽の光が反射してキラキラと光る。芽生えたばかりの楓《かえで》の若葉がそよ吹く風に揺れている。長閑《のどか》で自然溢れる風景の中に、高源寺は静かに佇んでいた。

小ぢんまりとした境内は隅々にまで手入れが行き届き、方丈の質素な造りがいかにもたか女に所縁《ゆかり》の寺らしくて、イメージ通りのお寺であることに、まず安堵した。方丈の入口で声を掛けたが反応がない。境内を見回すと、丹念に庭の手入れをしている男性を見つけた。

中を拝観したい旨を伝えると、その男性は庭の手入れの手を止めて、気さくに私を方丈の中へと導いてくれた。作業用の長い長靴を脱いで私を中に案内してくださった方は、この寺の住職だった。

私はとてもラッキーなことに、住職ご本人から、たか女の絵やこの寺にまつわる様々なエピソードをお聞きすることができた。以下は、住職からお聞きした話を私なりに解釈してまとめたものである。

高源寺は元々、主家である井伊家が浜松にある井伊谷《いいのや》から龍潭寺《りょうたんじ》を招聘して彦根における菩提寺としたことに呼応して、彦根藩家老宇津木《うつき》氏と脇氏が両家の菩提寺として、廃寺となっていた寺を再建して高源寺と改めたもので、再建当時は今よりもはるかに広大な堂宇を有した大寺だったようだ。

宇津木氏と言えば、長野主膳と並んで直弼《なおすけ》の側近中の側近である宇津木六之丞《ろくのじょう》のことがすぐに頭に浮かんだ。京都で諜報活動に勤しんだ主膳に対して、六之丞は江戸藩邸内で直弼を間近に支えた人物だ。直弼の大老政治の陰の功労者の一人である。六之丞は不運にも直弼の死後、主膳とともに囚われの身となり、主膳と相前後して藩によって処刑された。

高源寺は、宇津木氏を通じて直弼ともつながっている。そう思うとますます、この小さなお寺に親近感が湧いてきた。

その後、明治時代（1876年）の火災で伽藍が焼失した際、ちょうど廃仏毀釈《はいぶつきしゃく》運動により多賀大社からの分離を余儀なくされていた般若院、不動院、正覚院の三つの寺院の遺構を当地に移設して再建したのが、現在の高源寺である。

たか女の肖像画もこの時に部屋もろとも当寺に移されたとのことで、肖像画が掛けられているこの部屋は、元多賀大社内にあった般若院の書院であったものであるという。

そう言われて中を見渡すと、一枚板で作られた違い棚、違い棚の上に据えられた小襖に貼られた大和絵（源氏物語明石之巻図）、正方形の格子を組み合わせて作られた精巧な天井など、意匠が凝らされたなかに落ち着いた風情が見受けられ、由緒ある品々であることが窺える。

般若院と聞けばピンと来るのが、たか女の出自だ。多賀大社の門前街にあったたか女生家の案内板にも般若院の名前が登場している。案内板には、般若院の院主の娘である藤山くにがたか女の母親であることが書かれているが、今日の住職の話では、般若院の院主と下女との間に生まれた子がたか女であったとの説を採られている。

院主は学問に深い造詣を持ち、下女は歌舞音曲《かぶおんぎょく》に通じていた。たか女は生まれながらにして、父と母の長所を併せ持つ存在であったという。加えての美貌である。男たちが放っておかなかったことは容易に想像がつく。

たか女の絵は、私が期待していたようなうら若き女性の麗しい姿の絵ではなかった。旧般若院の書院と伝えられる部屋の床の間に掛けられたたか女は、晩年に近い老尼僧の姿で描かれていた。

翰墨平生好風流
推世移燕居醒復
酔潦倒更無私
吾応孝女之需題

絵の上部の空間には、さまざまな人生の転変を経て無私の悟りに至った晩年のたか女の心境を表した賛と、たか女の要請により書かれた賛であることが書かれている。元々墨染の衣であるところに褪色も加わってセピア色となった地味な絵だが、よくよく見てみると、凛とした気品が漂う高貴なお姿だ。

住職の曰く。

細い首筋に小さなお顔で、若い頃にはさぞかし美人であったろうことが窺える絵です。

高源寺山門

左奥がたか女肖像画

高源寺方丈

華奢《きゃしゃ》な体である。右手に扇子を持ち、数珠《じゅず》を巻いた左腕を膝の上に置いて端坐するたか女は、頬骨が高く盛り上がり、はっきりとした顔の輪郭が見てとれる。きりりと結ばれた唇にはほんのりと紅を打っているようにさえ見える。

額に刻まれた三筋の深い皺に、幾多の喜びと苦難とを経てきた強さを感じる。寂寥感を漂わせる表情に、経てきた時代の流れの激しさを想像させる。

たか女の生家にも程近い多賀の地でひっそりとたか女と対面することができて、私は感慨無量だった。

たか女に関する記述は、小説以外のいわゆる学術書や歴史書にはほとんど登場しない。たか女に何らかのかたちででも縁があるものに接することは極めて困難ななかで、生前のたか女の姿を垣間見ることができたことは、私にとって大きな喜びだった。

たか女は、直弼を中心とする歴史の表舞台には登場しない。

江戸時代の歴史は、特に政治の世界においては、男性が独占する世界であった。長野主膳は登場しても、村山たか女が登場する余地はない。

しかし、たか女という女性の存在が直弼という人間を内面から豊かに縁取り、ともすれば冷淡に思われてしまう直弼の印象を、より人間的存在に引き戻してくれる。直弼とたか女の関係について自由な想像を巡らせることで、直弼という人間が私の中で生き生きと蘇ってくる気がする。

気を利かせて私一人を残して庭の手入れ作業に戻ってくれた住職のご配慮で、私は心おきなくたか女の像と向き合うことができた。

どのくらい長い時間、たか女の絵と対面していただろうか。その間、私のほかに当寺を訪れる人もなく、私はたか女を独り占めすることができた。晩年のたか女を想う時、人生に関するさまざまなことが思い合わされる。

男と女。陰と陽。立身と出世。信念と対立。毀誉褒貶《きよほうへん》。愛情と憎悪。挫折と諦観。生きるということのすばらしさと難しさとを想った。誰よりも高い頂とその後のどん底を体験した晩年のたか女だからこそ見えたものがあったに違いない。

世の中のすべてを受け止めて、そして昇華させて辿りついた到達点が、無私の境地だったのではないか。


たか女の肖像画が掛けられている部屋から廊下越しに庭園を見ることができる。

お庭自体は新しいものだそうだが、池には睡蓮が浮かび、滝が流れ落ちる。禅寺らしく、阿弥陀三尊に擬《なぞら》えた背の高い三つの石が配置されてあり、苔むした平らな石は坐禅石を見立てたものだという。庭そのものが、禅の世界における一つの宇宙を形造っている。

住職の言によると岩と水と木が庭の三つの要素とのことだが、それらの要素を巧みに配置した庭は実に心地よくて、見ているだけで心を和ませてくれる。

生まれてこのかた、ずうっとこの庭を眺めてきたという住職だが、いまだに飽きることがないという。私は住職の奥深いその言葉をお聞きして、心からその通りだと思った。

その境地こそが、直弼が求めてやまなかった一期一会の境地だと思ったからだ。

毎日この廊下から眺めるお庭の風景は、同じようでいてけっして同じことはない。昨日と今日とでそれほど変わるわけではないけれど、天気が違えば見える景色はまた変わる。時間によっても、光の差し込む角度が変わっていく。

季節が移ろえば、自ずから庭の景色も変遷する。今はまだ初々しい緑色をした楓の葉が、やがて秋には真っ赤に色づく。まだ茶色い葉が水面に浮いているに過ぎない睡蓮が、あとひと月もすると薄桃色の可憐な花を咲かせる。

そういう変化を感じる心は、観る人の心の感度の問題である。

住職の言葉は、実に奥の深いありがたい言葉だと思った。そして同じような毎日を積み重ねていってなお日々新たな気持ちでいることのたいせつさを、私はしみじみと感じた。

直弼の15年間の埋木舎での生活が、まさにそのような毎日の積み重ねだったのではないかと思えたからだ。


たか女の肖像画は、4月末まで公開された後、次回は11月後半に公開されるそうだ。通年公開されているわけではないので、拝観したいと思われている方は要注意だ。事前にお寺に確認を取られることをお勧めする。紅葉が燃え盛る錦秋の高源寺を、是非もう一度訪れてみたいと思った。

大洞弁財天・龍潭寺・井伊神社・清涼寺

彦根城からこんなに近い所にこんな不思議な場所があるということを、私は知らなかった。滋賀県で弁財天と言えば、琵琶湖に浮かぶ竹生島《ちくぶしま》・法厳寺《ほうごんじ》の弁財天が圧倒的に有名で、大洞《おおほら》に弁財天があると言われても、どこにでもあるような普通の弁財天の像を私は想像していた。

大洞弁財天は、佐和山城があった佐和山から連なる大洞山（２１１m）の中腹にある。さして期待感もなしに参道となる急な石段を上っていった私であったが、上り詰めたところに意外と立派な伽藍が出現したので、まず驚いた。

琵琶湖を背景とした彦根城を遠望できる風光明媚な立地に、２層から成る立派な山門が建立されている。その山門の開いている空間を通して彦根城を望むと、まるで額縁の中の一枚の写真のように彦根城が見事に収まる。

山門と対峙するように建てられた本堂には、周囲に細かな彫刻が彫り廻《めぐ》らされていて、わずかだが残る彩色の跡などを見ていると、このお寺が普通の寺ではないことを無言のうちに物語っているように思われる。

正式には、長寿院と言う。真言宗醍醐派の寺院だ。日光東照宮建立の総奉行を務めた4代藩主井伊直興《なおおき》が元禄8年（1695年）に建立したもので、彫刻の見事さから彦根日光とも呼ばれている。領民から一人一文の奉加金を募り、残りを藩が負担して建立した藩寺であるという。鬼門にある城の東北に位置していて、城を守護する特別の役割を負った寺であったものと考えられる。

それだけでも十分に感動的であったのに、本堂に上る階段の前に立って中のご本尊を仰ぎ見た時に私は、思わず驚きの声を挙げた。薄暗い空間の向こう側に、金色《こんじき》の光に彩られた大きな弁財天が鎮坐しておられたからだ。それは、私の想像を遥かに超えた大きさだった。

大きさでご利益を量れるものではないが、弁財天の大きさは圧倒的な力で私を支配した。文句なしに、凄い。薄暗い静寂なお堂の中で、あの大きなお姿でまっすぐに見据えられたら、ただただひれ伏すしかない。誰もが自分の無力感を痛感し、そして弁財天の無限の力を全身で感じ取ることだろう。

木製の格子に隔てられ、金色の帳《とばり》の向こうにおわします弁財天は、右手に剣を携え左手に宝玉を持ち、実に神々しいお姿をされている。訪れる人も稀な静かさの中に、白いお顔が浮き出て見える。

直弼《なおすけ》も、見たであろうか？

きっと見たに違いない。彦根城からここまでは、目と鼻の距離である。訪れていないと考える方が不自然である。このお堂の麓には、直弼が参禅のために足繁く通った清凉寺《せいりょうじ》もある。

なんとも神々しい気持ちになって弁財天のある大洞山を下りた。下りきったところに、龍潭《りょうたん》寺《じ》がある。この辺り一帯は、石田三成の居城であった佐和山城下だったところで、石田三成や嶋左近等の屋敷があった場所であるという。寺に向かう入口に、何かを語りかけているかのように端正に正坐した三成の像が建立されている。ここの土地は今でも、井伊家にとっての聖地であると同時に、石田三成の魂が静かにだが綿々と生き続けている土地でもあるのだ。

龍潭寺は、井伊家の始祖である藤原（井伊）共保《ともやす》以来の井伊家の菩提寺で、元々は井伊家のルーツである遠江《とおとうみ》国引佐郡（静岡県浜松市北区引佐町）の井伊谷《いいのや》にあったもの(6)を模して、井伊直政《なおまさ》がこの佐和山の麓に建立したものと伝えられている。

裏山には、直弼の生母であるお富の方の墓所や直弼の側室であった里和の文塚などがある。忠孝心が篤かった直弼のことだから、母の菩提を弔いにここ龍潭寺を度々訪れたかもしれない。

龍潭寺は臨済宗妙心寺派の禅寺で、しっとりと落ち着いたお庭がきれいな寺だ。方丈に入ってまずは、枯山水の庭園を、縁側に腰かけてじっくり観る。流れる水を表すような砂の白い色と石の周囲の苔の緑とが溶け合って、なんとも清々しい。有名な京都竜安寺の石庭よりも石の数も緑の割合も多くて、その分親しみやすく心にすうっと沁み込んでくるようなお庭だ。

暫しの間、静かで贅沢な時間を過ごす。

龍潭寺には、背後の佐和山を借景とした回遊式の庭園もあり、こちらは斜面に生える木々と池とが調和して、枯山水とは異なった趣を見せてくれる。名刹と呼ぶにふさわしい、立派な寺院である。

龍潭寺の左手に、井伊神社という神社があった。入口の説明板によると、直弼の兄であり先代彦根藩主であった直亮《なおあき》が、井伊家の始祖である井伊共保の750回忌にあたり、遠州引佐郡にある井伊谷八幡宮から井伊大明神を分霊して祀ったものであるという。井伊神社と書かれた額が掲げられている石造りの鳥居をくぐり、草深き参道を本殿に向けて歩を進めた。

すると、大洞弁財天や龍潭寺を見てきた後の私には、異様とも思える光景が眼前に現われてきた。なんと、鳥居の奥に建立されている井伊神社の本殿は荒廃が著しく、保護のためなのかフェンスで覆われていて、それ以上中に進むことができなかった。

直亮が建立した神社であるのだから、せいぜい200年程度しか経っていないというのに、どうしてこんなに荒れ果ててしまっているのか？　隣接する龍潭寺や大洞弁財天の整備された伽藍と比較すればするほど、疑問は高まる。そういうことも含めて、この場所一帯は、初めて訪れた私にとって、不思議な空間であった。

最後に私は、清凉寺を訪れた。先に少しだけ触れたが、清凉寺は直弼が13歳の時から禅の修行に度々訪れた寺である。ここも井伊家の菩提寺として祀られている曹洞宗の寺だ。

寺域は、元々は石田三成の武将であった嶋左近の屋敷跡と言われ、関ヶ原の戦いで戦功を挙げて井伊家繁栄の礎を築いた直政の墓所がある寺としても知られている。

残念ながら清凉寺は一般公開されていない。白い小石が敷き詰められた広い境内に歩み入って大きな本堂を眺めることが、私に出来る唯一のことだった。建物の中に入って、可能であれば直

大洞弁財天

龍潭寺庭園

井伊神社

弼が禅の修行をした部屋などを見てみたかったが、それは叶わない。

しかしながら、禅は直弼を考えるうえで非常に重要な位置を占める要素であるので、清凉寺を訪れた機会を利用して、直弼と禅の関係について、少し考察してみたい。

直弼は、埋木舎《うもれぎのや》で不遇な青年時代を過ごしながらも様々な勉学や修行に励み、自身の人格や思想を形成していった。武士としての側面では居合いや鎗術に長じ、文化人としての側面では茶道や歌道、それに能楽などに深い造詣を示した。

これらすべてのことに関係し、これらすべてのことの根本にあったのが、禅の精神だったのではないか。

直弼が禅の世界に足を踏み入れるきっかけとなったのは、父である直中《なおなか》の存在が大きかったようだ。直中は、清凉寺復興を発願し、堂宇伽藍の整備を進めるとともに、江戸における井伊家の菩提寺である豪徳寺から道一《どういち》師を招聘するなどして、禅寺としての質実の充実に努めた。

そういう雰囲気の中で直弼も、自然な気持ちで禅の世界に接することができたものと思われる。

直弼の禅の修行は、只管打坐《しかんたざ》。ただひたすらに坐禅に徹することを旨とする。道元がその著書『正法眼蔵《しょうぼうげんじょう》』のなかで説いた、曹洞宗の教えの根本教義である。何かを成就したいという願望はもちろんのこと、悟りを得たいという気持ちさえも捨て去って、ひたすら坐り続けること。

心を無にする境地こそが、禅の真髄なのだろうと思う。虚心坦懐、どんな先入観も持たず、どんな利害得失からも超越して、自らの心を透明にすること。心の濁りを濾《こ》し去って心が澄んだ透明の境地に至ると、それまで見えなかった世の中の本質、真実の世界が見えてくるに違いない。直弼は、厳しい修業を続けて、「不是心、不是仏、不是物」の悟りを得るに至った。いわゆる三不是の悟道である。我流の解釈だが、心とは自分自身であり、仏とは自分の力の及ばない崇高な世界のことであり、物とは現世の利益のことである、と考えてみたらどうだろうか。

自らの心を無にしてどこまでも透明さを保ち、神仏に頼り神仏を信仰する心さえも捨て去り、現世の物欲に囚われない静かで素直な境地に辿り着くこと。直弼は清凉寺で一人、ただひたすら坐り続け、そんな世界に到達したのではないだろうか。

坐禅一つ組んだこともない私が禅について語る資格などないというのが本当のところだが、直弼の精神的な強さ、判断の確かさ、深い洞察力などは、厳しい禅の修行経験から導き出されたものであると考えるのが妥当と思われる。

直弼は、禅にとらわれずに、ひろく仏教全般に対して敬虔な気持ちをもち続けた。宗派には関係がなく、どんな宗派でもその説き方が違うだけで、真実を得るということにおいては違いがない。そのようなことを書いている。

そういう下地があったため、埋木舎時代に大通寺の法嗣にという誘いがあった時に、直弼は素直な気持ちでそれを受けようと思ったのだろう。

古くは石田三成の城下として栄え、その後は井伊家の聖地として祀られ、崇められてきたのがこの地域なのだと知った。ほんのりと直弼の面影を感じとりながら、この不思議な場所を後にした。次に来る時には、三成の気持ちになって佐和山の頂上に登ってみるのも悪くはないと思った。

（6）本家である静岡県の井伊谷にも同じ名前の龍潭寺という寺が今でも存在し、こちらも立派な庭園があることで知られている。

天寧寺

彦根における私の小さな旅の最後に、天寧寺《てんねんじ》に行きたいと思った。

天寧寺には、長野主膳の墓がある。

主膳の墓が天寧寺にあることを知った私は、主膳の墓に詣でて、その地で主膳の生涯について考えてみることを思い立った。思えば、埋木舎《うもれぎのや》で初めて直弼《なおすけ》と会ったことが、主膳の運命を大きく変え、直弼の運命をも大きく変えた。

埋木舎から始まった私の旅の締めくくりとして、主膳の生涯について考えてみることは、けっして無駄なことではないように思われる。

天寧寺は、彦根城から多賀大社に向かう道の途中、左手に少し入った小高い丘の上に建つ曹洞宗の禅寺である。

そもそもの寺の縁起が、曰く付きである。直弼の父である11代藩主の直中《なおなか》が、腰元の不始末を責めて手打ちにしたものの、不義の相手が我が息子であったことが後にわかり、その腰元と初孫の供養のために建立した寺と伝えられている。

さらにここ天寧寺には、長野主膳の墓のほか、井伊大老供養塔と村山たか女之《じょ》碑が建てられている。今で言うところの三角関係と言ってしまっては下世話過ぎるだろうか。たか女を巡る直弼と主膳の関係を想像してみることも、また歴史のおもしろさであるかもしれない。それにしても天寧寺は、男女の間にまつわる因縁の深い寺であるようだ。

井伊大老供養塔は、桜田門外の変で暗殺された直弼の血染めの土や遺品を四斗樽に入れて埋めたものであると言われている。そんな重いものをここまで運ぶだけでも、さぞ難儀であったことと思う。供養塔自体も、東京の豪徳寺にある本物の墓よりもこちらの方が大きくて立派で、むしろ本当の墓らしく思えるほど精巧な石造りの塔だ。

直弼の非業の死の知らせを聞いた彦根の人たちの驚きと悲しみと強い憤りはいかばかりであったことか。直弼を襲ったのが水戸藩の浪士たちであることが知れた後、彦根藩と水戸藩とは一触即発の危険な状態にあったという。

そんな残された彦根の人々が直弼の突然の死を悼み、直弼を偲ぶ唯一のよすがとして心を込めて建立したものが、この供養塔だったに違いない。当時の人々の直弼を慕う気持ちがひしひしと伝わってくる悲しい供養塔である。

「長野義言《よしとき》之奥津城《おくつき》」と刻まれた主膳の墓は大きな一枚石でできていて、生い茂る楓《かえで》の緑に囲まれて全貌が見えない。墓と言うよりは記念碑のような墓石だ。

直弼亡き後も主膳は彦根藩に留まり、直弼とともに推進してきた和宮《かずのみや》降嫁の実現などに努めた。

公武合体政策に基づく和宮降嫁が実現したのが文久2年（1862年）の2月で、同年5月には論功行賞によって主膳は彦根藩から100石の加増を受けている。

ところが和宮降嫁から半年と経たない7月に主膳の京都における主要な情報入手元であった九条家家士の島田左近が尊王攘夷派に殺害された頃から、藩論が急転を遂げた。8月24日に突然、揚屋《あがりや》（武士階級の牢獄）入りを命じられ、わずか3日後の27日に断罪となり、主膳は48歳の生涯を終えた。京の大老とまで言われ恐れられた主膳であることを考えると、実に呆気ない最期であった。

何が正しくて何が間違いであるかの価値観がころころと変わる不安定な時代だった。

飛鳥川きのふの淵はけふの瀬と
かはるならひを我が身にぞ見る

主膳の辞世の歌である。
不安定で変わりやすい世の中は、今の世にも通ずる普遍の真理である。
埋木舎で初めて直弼と出会ったのが天保13年（1842年）11月だから、主膳が日本史の表舞台で活躍したのは、僅か20年にも満たない年月であった。
最期に臨んだ主膳は、この20年の歳月をどのように想っただろうか。まだまだやり残したことの多い無念の時間と思ったか。それとも、直弼と組んで思う存分暴れ回れた充実した時間と思ったか。

誰が置いたものか、主膳が入牢していた揚屋跡には、義言地蔵と呼ばれている地蔵がひっそりと祀られている。

そもそも長野主膳という人物は、確かに実在した人間ではあったものの、謎の多い人物である。天保10年（1839年）の秋ごろに、忽然として伊勢国（三重県）に現れたとされている。それ以前の経歴は詳らかになっていない。

但馬国《たじま》（兵庫県北部）出石《いずし》藩家老でお家騒動の渦中にあった仙石《せんごく》左京の子であるとの説があり、肥後国（熊本県）八代藩主長岡山城守《やましろのかみ》の子であるとも言われている。さらに肥後一宮である阿蘇神社の大宮司を務める阿蘇惟治《これはる》との関係を指摘する人もおり、実際のところはわからない。

主膳がどこで和歌の道を習得し、国学を修めたのかも知られていない。

出自に怪しいところのある主膳であったが、直弼と出会ったことで、人生が一転する。最初は和歌の師であり国学の先達として、向学心の強い直弼の尊敬を一身に集めた主膳であったが、やがて直弼の出世とともに直弼の側近として重用されるようになってくると、関白九条家に深いつながりを持っていたことから、むしろ京都における情報収集が主な任務となってくる。

主膳の行動の中には、単なる国学者としての領域に止まることなく、強い立身出世欲と野望とが見え隠れしていたようにも思える。もう少し言葉を悪くして言えば、どこかに胡散臭さがあるのだ。直弼を利用して自らの思いなすところを実現せしめるという気持ちが、主膳の心中には強く存していたのではないか。

直弼は主膳のそんな野望を十分に知っていて、敢えてその野心を利用しようとしたのかもしれない。そういう意味では、お互いに持ちつ持たれつの関係だったということなのだろうと思う。

主膳の生涯に筆が及んだ機会に、直弼と主膳にとっての安政の大獄とは何であったのかを考察してみることにする。直弼の生涯を考えるうえでは、良きにつけ悪しきにつけ、安政の大獄は避けて通ることができない重要なポイントとなる。

改めて問う。安政の大獄とは何であったのか?

やや短絡的な言い方をしてしまうと、幕府における覇権を巡っての、水戸藩(徳川斉昭《なりあき》)と直弼との壮絶な政治抗争だったのではないかと私は考えている。

安政の大獄のきっかけとなったのは、攘夷実行に関する水戸藩への密勅降下であった。

安政5年(1858年)8月8日に極秘裡に攘夷実行の密勅が水戸藩に下された。御三家とは言え、徳川幕府支配下の一つの藩に過ぎない水戸藩に直接勅諚《ちょくじょう》が下るというのは、尋常の沙汰ではない。攘夷に関して水戸藩を特別視する誰かが画策して下したものであると考えられた。

九条関白家を中心に強力な情報網を持つ主膳でさえ、この情報を事前に察知することができなかった。

主膳にとっては、自らの情報収集任務の落ち度であり、何としても失地回復しなければならない失策であった。

直弼にとっては、京都朝廷との独占的交渉権を持つのは家康以来の幕府に与えられた権限であり、水戸藩の今回の行動は幕府そのものに対する冒涜の行為であると映った。

主膳は躍起になって、密勅降下を画策した犯人の検挙に奔走した。

直弼は、徹底して水戸藩の弾圧を行った。併せて、首謀者逮捕という武力の示威によって、京都の朝廷や公卿たちを牽制しようとした。武力を持たない朝廷や公家たちに対して、彼らが最も恐れる方法で対抗しようとしたことになる。

直弼と主膳とでは、取締りに対する動機も目的も微妙に食い違いがあるように見られるが、結果として約70人の有罪判決者を出し、そのうちの8人が死刑に処されることになった。

死刑となった8人のうちには、福井藩の橋本左内《さない》や長州藩の吉田松陰《しょういん》が含まれており、将来の日本を変えたであろうこの有能な2人を死に至らしめたことが、安政の大獄が一層の批判を浴びる原因にもなっているのである。

橋本左内は、藩主松平慶永《よしなが》の命により将軍継嗣問題で前水戸藩主徳川斉昭の子である慶喜《よしのぶ》を推すべく、京都で裏工作を行った。吉田松陰は、ペリーの率いる黒船に乗り込みアメリカへの密入国を求めるなど、過激な行動が幕府にも長州藩にも疎まれた。

なお彼らの罪状について、福井藩主だった松平春嶽《しゅんがく》（慶永）が後に、幕府評定所の一人から聞いた話として以下の逸話を書き残している（『逸事史補』）。

即ち、評定所で刑罰案を作成し老中の同意を得たうえで大老に差し出すと、たいていの場合刑が一段重くなって返ってきた、という内容である。

この証言が決め手となって、強情で非情な人間であるという直弼の人物像のイメージが固まったように思われる。安政の大獄における厳しい刑罰は直弼自らが決定したものであり、直弼はそのような決定を行い得る冷徹な人間であるということが、言わば日本史における「常識」になってしまったのではないか。

しかし直弼研究の第一人者である母利《もり》美和《よしかず》さんの著書『井伊直弼』（吉川弘文館刊）によると、当時の直弼にそれほどの専決権があったかどうかについて疑問が呈されている。

そもそも、罪状が訂正されている現存する附札（付箋）の筆跡が直弼のものでないことを述べたうえで、母利さんは次のように書かれている。

> 直弼が五手掛が示した罪状を、独断で附札により一等重い罪に下したという説は、当時の幕府評議のあり方から考えて不可能であり、処分は当時の幕閣の合意のもとで決定されたと考えるべきである。

松平春嶽は刑死した橋本左内の主人であり、当然に左内を死に至らしめた直弼に恨みを抱いている。春嶽自身も、いわゆる押しかけ登城事件により直弼の計らいによって隠居を余儀なくされた身だ。直弼と対極にいる当事者である春嶽の記述のみをもとに判断を下すのは、私はフェアーでないと思う。

これまで私はずっと、厳しすぎる安政の大獄の刑罰について疑問に思ってきた。埋木舎での15年間の忍耐と、その間気持ちを切らすことなく自己精進を続けた強い意志力は、並大抵のものではない。人の苦労と人生の悲哀とを熟知し、人情や機微を誰よりもよく理解していたと思われる直弼が、いとも簡単に何人もの尊い人命を奪ってしまうようなことが本当にできたのだろうか？という疑問である。

直弼は、どうしてそこまで強力に力による弾圧を強行しなければならなかったのか？　安政の大獄がなかりせば、これほどまでに直弼の名が天下に貶められることはなかったであろうことを考えると、慙愧《ざんき》に堪えない。

ところが、直弼も関係者の一人であることに変わりなく、けっして責任から解放されることにはならないけれど、安政の大獄の厳しい刑罰は老中を含めた合議体で決定されたものであるという母利さんの説を読んで、少しだけ心の負担が軽減されたような思いがした。

安政の大獄は、直弼が単独で実行したものではなく、幕府主脳の総意としての判断結果だったというふうに考えると、直弼に対する評価も微妙に変わってくるかもしれない。

私の中での天寧寺は直弼や主膳が主人公である寺なのだが、一般に天寧寺というと、むしろ五百羅漢のある寺として世に知られている。例の井伊直中が自らの過失により葬ってしまった腰元と孫の霊を鎮めるために、京都の名工駒井朝運に命じて作らせたものと伝えられている。

五百羅漢が安置されているお堂の扉を開けた瞬間の驚きと感動は、筆舌に尽くしがたい。光背を擁した極彩色の羅漢像が一斉に私に向かって語りかけてくる圧力。何万人も入るスタジアムの真ん中に自分がいて、スポットライトを浴びながら観客である羅漢から凝視されているような、

井伊大老供養塔

たか女之碑

長野主膳の墓

五百羅漢像

そんな錯覚にも陥った。静寂が支配する広いお堂の中で、羅漢と自分の真剣勝負が演じられている。心地よい緊張感に私は酔いしれた。

天寧寺の裏庭からは遠く彦根城を望むことができる。今では高い建物が並び立ち、必ずしも美しい景色とは言えないが、直弼がここから見たであろう彦根城は孤高の高さを天に誇っていたことと思う。彦根城の遠景を見ていると、なぜか心が落ち着いてくる。大洞《おおほら》弁財天から見た彦根城も、天寧寺から見た彦根城も、みなうつくしい。

直弼とたか女を慕って彦根とその周囲を経て巡った。一旦ここで、彦根における私の小さな旅を終えることにする。

彦根では埋木舎にはじまって、直弼の生い立ちから世嗣となって江戸に赴くまでの期間を中心に、直弼の前半生を追ってみた。長野主膳の墓に詣でた機会に、安政の大獄についても改めて考えを巡らせた。

次は舞台を江戸(東京)に移して、世嗣から彦根藩主、そして大老に昇り詰めていく直弼の後半生を辿っていきたい。ハイライトシーンは日米修好通商条約締結と桜田門外の変であるが、この二つの頂点だけでなく、その周辺の直弼に関する考察も加えていきたい。

そして最後に、直弼の人生についてを総括して私の旅を終えられたらいいと思っている。

江戸篇

彦根藩中屋敷跡（ホテルニューオータニ）

東京は坂が多い町である。由緒のある主要な坂には、東京都の教育委員会が坂名の由来となったエピソードなどを記した標柱を設置しており、それらを見ながらぶらぶらと気の向くままに歩いてみるのも、私の東京の街の楽しみ方の一つである。

赤坂から四谷に向かう谷沿いの道を進むと、紀尾井《きおい》坂という標識が目に入る。地名も、同じく千代田区紀尾井町である。元々江戸にあった地名とは思えない不自然な地名だ。たしか江戸時代にこの地域にあった三つの大名屋敷の頭文字を取り、明治の時代になってから作られた地名であると記憶していた。

「紀」は紀州であり、「尾」は尾張であることは即座に思い浮かんだ。どちらも徳川御三家である。では最後の「井」はどこか？　不覚にも私は、即座に思い浮かべることができなかった。しかしそれが井伊家の「井」であることに思い到った時に、私はすべての事情を了解した。半蔵門に程近く、甲州街道のほぼ起点に位置するこの土地は、徳川幕府にとってと言うか江戸城にとっては、搦《から》め手を守備する戦略的重要地域であった。そこを最も信頼できる御三家と譜代大名に守備させる必要性があったということに説明の余地はない。

ならばいっそのこと、紀尾井ではなく紀尾水とすれば良さそうなものであるが、御三家の水戸藩に代わって井伊家が据えられたところに、徳川の井伊に対する篤い信任があったのであろうと想像する。

余談になるが、紀尾井町にある清水谷は、自然の湧水があることから付けられた地名だろうが、今でも都会のオアシスとして、清らかな水と青々とした緑の安らぎを供給してくれている。都会の喧騒に疲れた心を一時の間癒すには、もってこいの場所である。

この清水谷は、明治11年（1878年）5月14日に明治の元勲大久保利通が暗殺された場所としても知られている。今も「贈右大臣大久保公哀悼碑」と書かれた6mを超す大きな顕彰碑が建立されているので、すぐにそれとわかる。当時は人通りも疎《まば》らな、鬱蒼と木々が生い茂る場所であったのかもしれない。

紀尾井町には、大きな建物が三つある。グランドプリンスホテル赤坂、ホテルニューオータニ、それに上智大学だ。江戸時代のこの辺りの地図と見比べてみると、現在の姿と見事なまでの一致を見る。私は、こうして江戸時代の地図と現在の地図とを見比べ重ね合わせ、当時の江戸の街並みを想像しながら歩くのが好きだ。

すなわち、今のグランドプリンスホテル赤坂の敷地がほぼそのまま紀州徳川家の上《かみ》屋敷（麹町《こうじまち》邸）があった場所であり、ホテルニューオータニが彦根藩の中屋敷、そして上智大学が尾張徳川家の屋敷があった場所となる。江戸時代の町割りがそのまま今にも残っているところが、おもしろい。

井伊直弼《なおすけ》の足跡を追って、彦根から江戸（東京）に来た私が真っ先に訪れたのが、ここホテルニューオータニだった。

部屋住みの身として一生を埋木舎《うもれぎのや》で過ごすはずだった十四男の直弼が、いろいろな偶然が重なって藩主である直亮《なおあき》の世嗣《せいし》となることが決まり埋木舎を後にしたのは、弘化3年（1846年）2月1日のことだった。江戸に到着した直弼は、2月18日に直亮の養嫡子となり、彦根藩中屋敷に住まいした。

直弼は藩主となるまでの4年半ほどの年月を、今では日本屈指の名ホテルが建つこの地で過ごしたことになる。

そういう意味ではここが、直弼が日本史の表舞台に立つことになった記念すべき土地ということになるのだが、実は直弼にとってはほろ苦い、あまりいい思い出のなかった場所だったのではないかと推察する。そのことは、やがて詳しく触れることになる。

しかし幕府における直弼の地位を確立するうえでは、世嗣であった4年半の期間は、極めて重要な時間であった。世嗣の役割は、単に藩主の地位を継承する立場であるというだけではない。藩主の補佐を行い、藩主が在国の場合は藩主に代わって幕府の職務を務めることが要求される。

言わば藩主見習いとして、将来の藩主となるための業務経験を世嗣時代から習得する仕組みができていて、直弼もその仕組みに組み込まれていったのである。2月に世嗣となり、5月には溜間詰《たまりのまづめ》として幕府の公務に就いている。

ここで幕府における井伊家の位置づけについて触れておかなければならない。今後の直弼の思考や行動を考えるにあたっては、井伊家の位置づけが非常に重要な要素を持つことになると思うからだ。

井伊家は、関ヶ原の戦い以前から譜代の家康の家臣であり、徳川幕府の最も信任の厚い大名の一つであった。

初代彦根藩主である井伊直政は、酒井忠次、本多忠勝、榊原康政と並んで徳川四天王の一人として知られ、京都に近く戦略的要地である彦根（当初は佐和山）を領地として賜った。京都に一朝変事ある時には、御所から天子を擁して琵琶湖を渡り彦根に匿う密命を帯びていたとの説があることは、彦根城の章で書いた。

井伊家は、幕府においては溜間詰と呼ばれる老中に次ぐ家格を世襲する地位にあった。城中の「溜間」という部屋に執務室があったことから呼ばれている役職名だ。同じ溜間詰の大名としては、井伊家のほかに会津松平家、高松松平家の2家が常溜《じょうだまり》と呼ばれ、言わば溜間詰のレギュラーメンバーであった。

同時に井伊家のみが、老中の上に位置する大老職を拝命する家格にあった。260余年続いた江戸時代において、大老職を務めた大名はわずか7人しかいない。その中で直弼も含めて4人が井伊家の大名である。徳川幕府において井伊家がいかに高い家柄であったかが窺える。

世嗣となって以降の直弼は、常にこの井伊家の家格ということを意識しないわけにはいかなかった。徳川幕府から与えられた井伊家に対する高い信任に対して、直弼は篤い忠誠心でそれに応えようと努めた。だから徳川幕府の権力を冒涜するような力に対しては、直弼は極度に敏感な反応を示すことになる。

責任感が強いだけでなく、部屋住みの身として苦労を重ねてきた分余計に、徳川幕府に対する敬虔な気持ちが強かったのではないか。

直弼が衝突した最たる勢力が、水戸藩の徳川斉昭《なりあき》であり京都の反幕勢力であった。斉昭との軋轢については、別のところで触れることになる。話が少し本題から逸れてしまったので、元に戻すことにする。

世嗣となった直弼は、溜間詰の大名（代理）として、幕府の公務に就いた。

藩主の直亮が変人であり他の溜間詰大名たちからも疎まれていたこともあり、常識的な思考と判断能力を持った新世嗣のデビューは、幕閣たちに好意をもって受け入れられたようである。

今度の彦根の若殿様は、今の偏屈じじいとは違ってまともなお方だ、と周囲の大名たちに思われたに違いない。

最初のうちは気心の知れた大名もおらず、慣れないことの連続で、緊張しながらのお勤めであったようである。挨拶回りなどの雑事も多く、さすがの直弼も当惑し疲労の色を隠せなかった。

加えて、直亮からの理不尽な干渉が続いた。直亮は直弼を世嗣と定めたものの、直弼に好意を持ってはいなかった。理由はわからないが、藩主となって35年を迎える直亮は、すべてのことにおいて自分が中心でなければ許せない性格になっていたのではないだろうか。やがて自分に取って代わる存在である直弼を、異様に怖れていたのかもしれない。その空気を敏感に感じ取った直弼も、直亮を信じることをしなかった。

不当な嫌疑をかけられることを恐れて、かねてから親交の深かった福田寺《ふくでんじ》の摂専や信頼する家来である犬塚外記《げき》との書信のやり取りさえ自粛せざるを得なかった。

直亮の直弼に対する意地悪が最も象徴的に現れたのが、いわゆる官服の一件であった。世嗣になって1年と経たない弘化4年（1847年）1月26日に上野寛永寺で行われる文恭院（徳川家斉《いえなり》）七回忌の法要で、直弼は溜間詰大名として衣冠を着用して御先立《おさきだち》という役割を務めなければならなかった。

格式が厳格に定められている徳川幕府においては、どの式典にどのような格の大名がどのような服装をしなければならないかが、厳密に定められていた。

国元にいる藩主直亮のもとに再三に亘る要請をしたにも拘わらず衣服の新調が認められず、仕方なく前の世嗣であった直元《なおもと》の使用した官服を使用しようとしたがこれも許されず、万策尽きた直弼は病気と称してこの日の法要を欠席している。

溜間詰大名（の世嗣）としての晴れの舞台であったはずの法要が、直弼にとっては屈辱以外の何物でもないものに暗転した。

同様のことが、翌月の最樹院（徳川治済《はるさだ》）の法要でも起こった。藩の面目を丸潰しにするようなことを、直亮は平気で行った。正常な判断能力を持った大名が行う行為でないことは、誰の目にも明らかだったに違いない。

藩主としての経験がない実直な直弼は、さぞや悩んだことだろう。自分は何のために15年間のつらい歳月を耐え忍んで彦根藩の世嗣になったのか？　喜ぶべきはずだった世嗣就任を、もしかしたら呪ったかもしれない。

世嗣になってからまだ一年も経っていないというのに、どうしてこんな失望感を味わわなければならないのか？　もしかしたら亡くなった兄の直元も、このような直亮の仕打ちに耐えきれずに先立って行ったのかもしれない。

しかし直弼は、直亮の理不尽な仕打ちに負けなかった。15年間の埋木舎での鍛錬が伊達ではなかったに違いない。

兄であり藩主である直亮からの執拗な嫌がらせを受けながらも直弼は、溜間詰大名候補としての信頼と実績を着実に築き上げていった。周囲の大名からも変人として疎まれていた直亮に代わって直弼が本丸御殿での彦根藩の政務を取り仕切るようになると、むしろこれまで悪化していた周囲の大名との関係が好転した。

こうして直弼は、兄からの謂れのないいじめを克服して、むしろそれを踏み台にして、溜間詰大名としての地位を確立していった。直弼にとってはけっしていい思い出のなかった世嗣時代の4年半ではあったが、直亮にとっては皮肉なことに、同時にこの期間が直弼の名声を確実なものとしたと言えるのではないだろうか。

現在のホテルニューオータニには、四谷駅方面からの入口付近にこの地が彦根藩中屋敷であったことを示す石碑が建てられていること以外に、直弼の足跡を認められるものは何も残されていない。

わずかに彦根藩の屋敷跡としての面影を残しているのが、ホテルニューオータニの日本庭園である。この日本庭園そのものは井伊家から伏見宮に移り、戦後外国人の手に渡るところをホテルの創業者である大谷米太郎氏が譲り受け整備し直したものだそうで、直弼が見たであろう庭園の姿そのものではない。

しかしながら、日本庭園内に点在する幾多の石灯籠《いしどうろう》のなかには、当時の面影を伝えているものもあるとの由で、私は起伏に富んだ散歩道を上下しながら、ひたすら石灯籠を求めて歩き回った。

特に説明書きはないけれど、どれも大きくて威容のあるものばかりで、このうちのいくつかを直弼も見たかもしれないと思うだけで、胸がじーんと熱くなるのを感じた。ホテルニューオータニの日本庭園は、宿泊者でなくても誰でも散策することができるので、是非お勧めしたい場所のひとつだ。

大久保利通哀悼碑

ホテルニューオータニに立つ碑

ニューオータニ庭園

彦根から歩を始めて、直弼の足跡を辿って江戸に来た。彦根に生まれ育った直弼にとって、江戸の街や人々はどのように映ったであろうか?

埋木舎時代に直弼は一度だけ、江戸の地で約1年間を過ごしているので、今回の世嗣としての江戸住まいは直弼にとって生涯で2度目の江戸経験となるが、弟の直恭《なおやす》に先を越されることになった最初の江戸滞在はほろ苦さのみが残るものだった。

今度こそはと期待に胸を膨らませて出て来た2度目の江戸も、直亮のせいで散々なものとなってしまっている。埋木舎から通算すると、かれこれすでに20年近い歳月を直弼は、ただひたすら耐えて生きていることになる。改めて私は、直弼の数奇な人生を想った。

彦根藩上屋敷跡（憲政記念館）

ある日の私は、国会議事堂にすぐ隣接している小高い丘を散策していた。深い緑に囲まれた広大な敷地は起伏に富み、鳥たちの囀《さえず》りが心を和ませてくれる。眼下を見渡すと、深い緑色の水を満々とたたえた桜田濠の向こう側に、江戸城がすぐ間近に見える。

この辺りから眺める江戸城の姿が一番うつくしい、と私は思う。緩やかに湾曲した緑の土手が濠から迫《せ》り上がり、その上に低いが堅固な石垣が垂直に屹立《きつりつ》している。俗に「鉢巻土居」と呼ばれる江戸城に固有の築城法だ。土手の上に石垣が鉢巻を巻くように配置されている。

そしてその向こう側に白を基調とした江戸城の城門が窺える。緑の背景の中で城門の白さが一段と際立って見える。なんと雄大で平和な光景だろうか。私は時間の流れを忘れて、暫しの間その場に立ち尽くす。

もしも歴史の知識が何もなければ、私の心はこの長閑《のどか》で美しい景色を満喫できただろうと思う。しかしどうしても私は、心を穏やかにしてこの小高い丘から江戸城の景色を眺めることはできなかった。

なぜならば、今私が立っている場所こそが、井伊直弼《なおすけ》が主《あるじ》であった彦根藩上《かみ》屋敷の跡であり、向こうに見える白い門こそが、桜田門であるからだ。

距離にしたらおそらく500mくらいの距離であると思う。こうして目の当たりにしてみると、ほんの目と鼻の先の距離であることがよくわかる。万延元年（1860年）3月3日の朝、ここから500mの地点で、あの事件は起こったのだった。


そんな150年前のことを知ってか知らずか、今では憲政記念館と国会議事堂前庭洋式庭園として整備され一般公開されているこの広大な公園で、幾組ものカップルや家族連れが休日の昼下がりの時間を満喫している。

憲政記念館は、議会開設80年を記念して昭和47年（1972年）に開館したもので、議会制民主主義の歴史をつぶさに学ぶことができる。館内には憲政の神様として知られる尾崎行雄氏の業績を称えた尾崎メモリアルホールが併設されている。

尾崎行雄と言えば、若い頃に「人生の本舞台は、常に将来に在り」という言葉を本で読んで感銘を受けた。すなわち、

人間は、齢を重ねれば重ねるほど、その前途がますます多望なるべき筈のものだというのが、私の最近の人生観である。

人間にとっては、知識と経験ほど尊いものはないが、この二つのものは年毎に増加し、その直前が二つ共最も多量に蓄積された時期である。故に適当にこれを利用すれば、人間は、

死ぬ前が、最も偉大な事業、または思想を起こし得べき時期であるに相違ない。

若い頃は我が眼前に広大な「本舞台」が存していたが、あれから25年ほどが経過した今となっては、「本舞台」の余地は極めて限定的に狭められてしまっている。しかしだからと言って諦めることなく、放り出すことなく、これまでに得た知識と経験とを駆使して自分なりの足跡を残したいと思っている。

尾崎行雄のこの言葉は、むしろ今の方がありがたくわが心に沁みわたる。

国会議事堂前庭洋式庭園には、小さなローマ神殿風の不思議な建物が存在する。周囲の自然のなかで異彩を放つというか、そこだけ独特の雰囲気を作り上げている。これは、日本水準原点である。日本国内各地に存在する水準点の原点がここにあるのだ。

水準点とは、土地の標高を決める基になるもので、この建物の中に据えられている水晶版の目盛りの標高は、24・4140ｍを示しているという。井伊の殿様の屋敷内に、奇妙なものが設置されてしまったものだ。

公園内のどこを歩いても、今は井伊家の上屋敷の痕跡を残すものは見当たらない。周囲の道端にひっそりと建つ「井伊掃部頭《かもんのかみ》邸跡」と標された標柱以外には、ここで直弼が生きた証を見ることはできなかった。

古くはこの地は、太田道灌《どうかん》が

わが庵は松原つづき海ちかく
ふじの高根を軒端にぞ見る

と詠んだ松原の一角に連なっていた土地であり、江戸幕府開府の頃には加藤清正の屋敷があった土地とも言われている。

そういう風光明媚で要衝の地に、井伊家の上屋敷があったということに、私は江戸幕府における井伊家の位置づけの重要性を思う。このことは、前の章（「彦根藩中屋敷跡」）でも少し触れた。

余談だが、安政の大地震（安政2年〈1855年〉10月2日）が江戸の街を襲った際、元々江戸城築城時の埋立地であった丸の内や八重洲《やえす》、日比谷辺りの大名屋敷では百人を上回る多数の死亡者が出るなどの甚大な被害が発生したそうだが、麹町《こうじまち》台地の強固な岩盤の上に建つ彦根藩上屋敷では、門や塀は崩れたものの死者はおろか怪我人もなく、被害は些少であったと言う。

それにしても、ここから桜田門までは、本当に近い距離である。どうしてこんな近距離にもかかわらず、直弼の家臣たちは直弼を守ることができなかったのか？　私の疑問はますます強まってきた。このことについては、別の章（「桜田門」）で考えてみることにして、ここでは彦根藩主としての江戸における直弼の行動について焦点を当てて見ていくこととしたい。

憲政記念館に立つ碑

憲政記念館から桜田門を望む

日本水準原点

直亮《なおあき》の死によって直弼が晴れて第13代彦根藩主に就いたのは、嘉永3年(1850年)11月21日のことだった。

謂れのない猜疑心から絶えず干渉を加えてきた目の上の瘤だった直亮はもうこの世にいない。直弼にとっては、これまでじっと耐え忍びながら構想を練ってきた仁政を実現できる時が、ついに訪れたということだ。それは同時に彦根藩の家臣や領民にとっても、約40年間続いた直亮の専制政治からの解放を意味していた。

直弼は、大老に就任するまでの約7年半を、溜間詰《たまりのまづめ》大名として幕府政治に貢献することになる。溜間詰大名の家格については、先に述べた。徳川幕府の最高役職は臨時に置かれる大老職であり、常設では老中が最も高い役職となる。溜間詰というのは、その老中に次ぐ高い役職であり、ごくごく限られた家格の大名以外に就任することは許されていない。

彦根藩35万石は、常溜《じょうだまり》と呼ばれる溜間詰の常任役員を世襲で任されていたわずか3藩しかない藩のうちの一藩であった。

7年半に及ぶ直弼の溜間詰時代の最も難しい政治課題は、何と言っても外交問題だった。ペリーが率いる4隻の黒船が浦賀沖に突如出現したのが、嘉永6年(1853年)6月3日だった。直弼が彦根藩主に就任してからわずか2年半後のことである。

直弼は黒船が現れた年の8月に米国親書に対する意見書である「別段存寄書《べつだんぞんじよりがき》」を幕府に提出して、早くも開国を主張している。

直弼の開国の思想は、藩校・弘道館における積極的な洋学習得の学風に加えて、藩儒であった中川禄郎との交流を通じて得た西洋知識に負うところが大であったようだ。そういった意味では、すでに埋木舎《うもれぎのや》の時代から直弼の世界を見る目は確立していたと言うことができる。

直弼の開明的な開国思想に対して最も激しく対立したのが、水戸藩の徳川斉昭《なりあき》であった。御三家の中でも尊王思想が特に強い水戸藩は、世界情勢が予断を許さない状況にあることは理解していたものの、頑として攘夷の主張を譲らなかった。

安政元年（1854年）1月に江戸城中において、斉昭が主張する外国船打ち払い論に対して、直弼は激しく反対論を戦わせている。すでにこの頃から直弼と斉昭とは、犬猿の仲、水と油の関係であったわけだ。

それにしても、御三家の一つである水戸藩の徳川斉昭と対等の議論を行える彦根藩の家柄と直弼の胆力には恐れ入るばかりである。世襲制の弊害からか、江戸時代も末期ともなると、それこそお飾りの、名ばかりのお殿様が多かったと言われている。

このような激動の時代だからこそ、直弼のような雑草の強さを身上とした有能な人材が必要だったのではないか。そう考えると、直弼が彦根藩主となったことは単なる偶然が重なって起こった出来事ではなくて、神が周到な準備のもとに世に送り出した時代のエース登場であったと考えないわけにはいかない。

直弼と斉昭が対立する構図は、外交問題ばかりでなく将軍の継嗣問題においても顕著に現れた。

ペリーが浦賀に来航して去った直後の嘉永6年（1853年）6月22日に、第12代将軍の徳川家《いえ》慶《よし》が亡くなった。家慶の後を継いだ家定《いえさだ》は虚弱な体質で子もなく、早くも次の将軍継嗣問題が人々の関心事となった。

斉昭は、実子であり一橋《ひとつばし》家に養子に行っている慶喜《よしのぶ》を次期将軍に据えて、自らが将軍の父として権力を掌握しようと謀った。事実、慶喜は英明な君主としての評判が高かった。黒船来航という未曾有の事態に遭遇した諸藩の大名の中には、こういう時だからこそしっかりした将軍をと考えて、斉昭の画策に同調した者もいた。越前の松平慶永《よしなが》や薩摩の島津斉彬《なりあきら》などがその代表である。

一方のもう一派は、将軍家との血統の近さを重視して、紀伊の徳川慶福《よしとみ》を次期将軍職に推していた。慶福はまだ幼少で将軍としての能力は未知数である。しかしながら直弼は、あくまでも将軍の後継を決定するのは現将軍である家定の意志によるとの前提ではあるが、慶福こそが次期将軍に相応しいとの考えを持っていた。

両派の主張は平行線のまま、時間だけが過ぎていくことになる。


なおこの章の最後に、興味あるエピソードを一つ、紹介しておくこととしたい。

ペリーの来航により日本全体が大混乱に陥っている安政2年（1855年）、直弼は自ら「宗観院柳暁覚翁大居士」という戒名を記載して菩提寺に奉納している。この戒名は、現存する豪徳寺の直弼の墓に彫られている戒名そのものだ。

生前に自分の戒名を記載して奉納するということは極めて異例なことである。直弼はすでにこの時点で、死を賭する覚悟であったことがわかる。

今は平和そのものの緑豊かな都会のオアシスとなっている彦根藩上屋敷の跡地を歩いていても、当時の熱いエネルギーも苦悩も想像だにできない。150年前の当時、この場所で藩主である直弼を中心に行われたであろう様々な議論や葛藤を思いやりながら、私はただただ、桜田門の白い壁を眺めていた。

彦根藩下屋敷跡（明治神宮）

久しぶりにＪＲの原宿駅で降りた。駅前は相変わらず、若い女性たちでごった返していた。竹下通りを中心とした一角は、いまだに全国の若者たちのメッカとなっている。私にはとてもついて行けない感覚だが、駅に降り立った瞬間から独特のパワーが漲《みなぎ》っているのが、原宿駅である。

原宿駅には、若者たちのほかに、外国人も多い。彼らのお目当ては竹下通りではなく、線路の反対側にある明治神宮のようだ。外国からの観光客が多いが、国内に住んでいる外国人も結構来ているのではないか。

東京で日本らしさを感じられるスポットの一つが、明治神宮なのであろう。たしかに、広大な敷地を進んでいくと、神々が降臨した太古からこうであったであろうと思わせるような神々しい気持ちになってくる。

鬱蒼と生い茂る木々の間に玉砂利が敷き詰められた広い参道を歩き、金色の菊の御紋が眩しい大鳥居を潜ると、神宮のこの森の奥の社には尊い神様がおわすに違いない。思わずそんなふうに思えてくるから不思議だ。

明治神宮は、正月三が日の初詣の参詣者数が日本で一番多い神社仏閣として有名である。どのようにして数字を算出しているのかよくわからないが、警察庁が発表する参詣者数では毎年300万人を超える人出で、もう何年も連続でダントツ1位をキープしている。

そんな日本人にも外国人にも極めて親しい場所が、明治神宮である。

しかしながら、この明治神宮境内の一部に彦根藩井伊家下《しも》屋敷があったということは、ほとんどの人が知らないのではないだろうか？　かく言う私でさえ、この文章を書くために調べものをするまでは知らなかった。


今まで、彦根藩中屋敷と上《かみ》屋敷を訪ねてきた私は、ここまで来たら下屋敷も是非訪ねてみなければならないとの使命感?から、下屋敷の所在地を探した。その結果、広大な明治神宮の一部が彦根藩の下屋敷であったことを知って、驚いた。

そもそも、上屋敷、中屋敷、下屋敷とは、どのような違いがあるのだろうか？　普段何気なく耳にしている言葉ではあるが、気になるのでこちらも少し調べてみた。直弼《なおすけ》の足跡からは少し脱線するかもしれないが、中屋敷、上屋敷で重たい話題が続いたので、気分転換の意味合いも込めて気軽に読んでいただきたい。

上・中・下の命名は、江戸城からの距離によって決められていたようだ。即ち、江戸城から一番に近い場所にある藩邸が上屋敷である。通常は藩主や正室が住む屋敷であり、公的な側面が強い。言わば、藩主公邸が上屋敷である。彦根藩で言えば、江戸城から500ｍの距離にある現憲政記念館と国会議事堂前庭洋式庭園が、それに当たる。

中屋敷は、上屋敷に次いで江戸城から近い場所に位置する藩邸である。ここには、隠居した大名や世嗣などが住まいを得ていることが多かったようだ。また、江戸時代は火事が多かったため、上屋敷が類焼した場合のバックアップとしての機能も考慮されていたかもしれない。現ホテルニューオータニが建つ紀尾井《きおい》町の敷地こそが、彦根藩の中屋敷であった。

下屋敷は最も江戸城から遠い場所に位置しており、多くは江戸の郊外にあって藩主の私邸または別邸の色彩が強い。六義園《りくぎえん》(郡山《こおりやま》藩下屋敷)、八芳園《はっぽうえん》(薩摩藩下屋敷)、新宿御苑《ぎょえん》(高遠《たかとお》藩下屋敷)、有栖川宮《ありすがわのみや》記念公園(盛岡藩下屋敷)など、今に残る江戸時代の名園も多くは下屋敷であることが多い。現在の明治神宮の敷地にあたる彦根藩下屋敷も広大な土地を有してはいたけれど、歴史の表舞台に出ることのない井伊家の私的な空間であったものと思われる。

航空写真で見ると、明治神宮一帯は広大な森である。この森は江戸時代よりもはるか以前から存在していたものと思い込んでいた。ところが実際は、明治天皇を偲んで大正9年(1920年)に創建されたというから、まだ100年も経っていないという事実にまず驚く。今では、樹齢何百年かというような太くて高い木々が随所に見られ神寂びた雰囲気を作り出しているが、大正4年(1915年)の造営前の写真(7)を見ると、木々は疎らで畑や荒地であったことがわかる。

実際に訪ねてみてわかったのだが、江戸における彦根藩の屋敷は、上屋敷も中屋敷も下屋敷も、いずれもかつては加藤清正が領していた屋敷であった。加藤家は、清正の子の忠広の代に改易と

清正井

明治神宮御苑

明治神宮大鳥居

なり、その後に井伊家がそのまま土地と屋敷を拝領し、幕末に至っている。安易と言えば安易な幕府の対応である。

加藤清正は元々が豊臣家の家臣であり、関ヶ原の戦いでは徳川方に付いたものの、譜代の井伊家と違い、徳川家にとって所詮は信頼の置けない外様大名だったということなのだろう。二代目の忠広が暗愚であったことも災いした。九州の雄は、いとも簡単に歴史の舞台から抹消されてしまったのだ。

明治神宮には、ここの一部が彦根藩の下屋敷跡であったことを示す痕跡は私が知る限り何もないが、かつて加藤家や井伊家の庭園であったと言われる明治神宮御苑には、清正井《きよまさのいど》という井戸が残されている。加藤清正本人が掘った井戸であるかどうかは定かでないが、江戸時代の屋敷跡を知る唯一と言っていい遺構だ。

明治神宮御苑の中に入るには拝観料が必要となる。そのせいで、あれほど参道を歩いていた人の群れは御苑内ではほとんど見られず、静寂が周囲を支配する。森のように見える明治神宮の敷地の中でも最も中心に位置し、最も自然が残されているのが明治神宮御苑なのである。

ここには加藤清正の時代からの庭園が残されている。明治神宮御苑以外の場所は、すべて直弼亡きあとの造営であるが、もしかしたらこの庭園だけは直弼が見たかもしれない風景である。そう思うと、目に入ってくる緑の木々も清らかに流れる水も、特別なものに思えてくる。

清正井と呼ばれる井戸は、縦に細長い御苑の最も北のはずれに位置している。今でもこんこんと澄んだ水が湧き出《い》でている。訪れる人は誰も、丸い井桁の中に手をかざして冷たい水の感触を確かめる。清正の時代から絶えることなく湧き続ける自然の水の恵みに驚かされる。

この清正井から流れ出た澄んだ水が水源となり、豊かな水を満々と湛える南池を構成している。上流には山里の長閑《のどか》さを思わせるような風景の中に明治天皇が昭憲皇太后のためにつくられた菖蒲田《しょうぶだ》があり、池の周囲にはいくつかの四阿《あずまや》が配されている。今私は、東京の都会の真ん中にいるのだという事実をすっかり忘れている。こんなに豊かな自然に囲まれた世界があったということに、素直に驚いている。

しかし残念ながら、ここ明治神宮では直弼の足跡を見つけることはできなかった。もしかしたら、御苑の一部は直弼が見た風景だったかもしれないが、それとても確たる証拠はない。私は恋人に逢い損ねたようなちょっと寂しい思いを抱きながら、人々の喧騒からそっと離れていった。

（7）明治神宮ホームページ
http://www.meijijingu.or.jp/midokoro/index.html

江戸城本丸御殿跡（皇居東御苑）

直弼《なおすけ》を訪ねる私の旅も、いよいよ核心部分に突入する時が来た。

ここでは、7年半の溜間詰《たまりのまづめ》大名時代を経て大老となった直弼の、2年弱の濃縮された時間についてを描くことにする。

場所は、大老としての直弼が活躍するのに最も相応しい場所を用意した。江戸城本丸御殿である。

江戸城は、将軍が居住する空間であると同時に、江戸幕府の政治が行われる場でもあった。加えて、大奥と呼ばれる女性だけの不思議な世界も同居している。これらの機能がすべて、本丸に建立された壮大な御殿に集約されていた。

江戸城の入口は、大手門である。大手門を入った大名たちは、広々とした長い通路を通って、中の門、中雀門《ちゅうじゃく》を経て、本丸御殿の表玄関に至る。表玄関に至る道は、江戸城の中でも最も大きな石で築かれた切石積みの石垣が立ち並び、通る人たちを威圧するように立ちはだかる。初めてこの道を通る人たちは誰もが、徳川幕府の底知れない権力を、この石垣から感じ取ることだろう。

本丸御殿の表玄関は広い本丸の西端に位置し、ここから本丸のほぼ東端にある天守台辺りまで、広大な本丸御殿が造営されていた。

本丸御殿は、表、中奥、大奥の三つに大別されている。表は、公的な政治の場である。表玄関側から、大広間、白書院、黒書院と三つの大きな広間が設けられていた。表玄関に近いほど公的色彩が強い。ちなみに、大広間と白書院を結ぶ長い廊下が有名な松の廊下であり、白書院と黒書院を結ぶ廊下を竹の廊下と呼んだ。

今は御殿の跡形もなく、広大な芝生広場が目の前に拡がっているのみだ。何もないところに在りし日の御殿を思い描くのは、難しいことかもしれない。

敢えて言えば、二条城を想像してみると何となくイメージが掴めるのではないか。二条城の二の丸御殿にも、規模は小さいながらも、大広間、白書院、黒書院などの部屋が現存する。有名な大政奉還が行われたのが、大広間である。

二条城二の丸御殿では、将軍と諸大名が対面する間が大広間であり、将軍が親藩・譜代大名と内輪の対面を行うのが黒書院、白書院は将軍の居間および寝室として使用されていたようである。

本丸御殿の姿を思い描くヒントとなる遺構が埼玉県川越市にも残されている。

その一つが、川越城祉に現存している本丸御殿である。これは、嘉永元年（１８４８年）に時の川越藩主松平斉典《なりつね》により建てられたもので、表玄関、大広間、家老詰所などが残っている。

もう一つは、喜多院という寺院にある「徳川家光《いえみつ》誕生の間」と「春日局《かすがのつぼね》化粧の間」だ。江戸城紅葉《もみじ》山《やま》にあった別殿を移築したと言われ、国の重要文化財に指定されている。

これらの現存する建築物を見ると、往時の江戸城本丸御殿の姿を想像することができるのではないかと思う。どちらの遺構も、立派な造りではあるが、意外と地味な建物であることに驚く。二条城の豪華な御殿よりも、私は川越の質実剛健な御殿の姿が、より江戸城本丸御殿の姿に近いのではないかと思っている。

江戸城の本丸御殿では、大名の家格と行事の性格によって、どの大名がどこの部屋で将軍と対面するのかが詳細に定められていた。家格の高い大名ほど、将軍の住まいである中奥に近い黒書院や白書院で、家格の低い大名は表玄関に近い大広間での対面となる。

行事の性格で言えば、季節の式日など公的意味合いの強い行事は表玄関に近い広間で、月次のお目見えなど日常的な儀式は中奥に近い広間で執り行われていた。その際に着用する礼服も事細かに規定されていたので、「彦根藩中屋敷跡」の章で見たように礼服の新調も先代の礼服の着用も許されなければ、仮病を使って式典を休む以外に回避策がなかったわけである。

表の次の空間が将軍の生活の場である中奥で、さらにその奥、本丸御殿の一番東端の部分がかの有名な大奥である。今は直弼の足跡を訪ねる旅の最中なので、中奥や大奥はさらりと済ませ、もう少し表における直弼の居場所について見ていくことにしたい。

大老になる前の直弼が詰めていた溜間は、表の中では一番奥寄りの広間である黒書院と竹の廊下とに隣接した位置にあった。溜間は、臣下に与えられた最高の座席で、直弼はこの溜間詰大名の中でも、最も権威の高い常溜《じょうだまり》として、幕政に参与していたのである。

大老になってからの直弼の居場所は、溜間よりも建物の内部寄りにある一室を与えられていた

天守台から本丸御殿跡を望む

本丸御殿玄関跡辺り

松の廊下跡

ものと考える。大老は常設の役職でないため城中図に明記されてはいないが、老中や若年寄の部屋が明記されているので、その近くの部屋に詰めていたと考えるのが妥当ではないだろうか。

表玄関を使用する一般の登城大名と異なり、直弼等のような幕閣は通用口にあたる納戸口（別名を老中口と言う）から御殿に入り、納戸口近くにある下部屋で衣服を着替えたりした後に御用部屋に移動した。今の東御苑《ぎょえん》で言うと、松の廊下のやや北にあるバラ園あたりが直弼の執務室だったのではないかと考える。

以上が、江戸城本丸御殿の概要である。この辺りを含む江戸城の城郭としての心臓部とも言うべき地点は、今では皇居東御苑として一般に公開されている。

皇居は天皇が住む聖域であり、一般人が立ち入ることは許されていないと思っている人が意外と多いかもしれない。しかし実際には、皇居の約3分の2を占める吹上御苑部分は立ち入り不可であるものの、残りの3分の1にあたる東御苑と北の丸公園は一般に公開されている。

北の丸公園は武道館があることで誰もが知っているだろう。こちらは、何の手続きなしにいつでも入り散策することができる。

東御苑は、大手門、平川門、北桔橋門《きたはねばし》の3ヶ所の門から無料で入苑することができる。休苑日があり、また公開時間も季節によって若干異なるので、訪ねる前には確認をした方がいいだろう。私のように在りし日の江戸城の姿を想像しながら歩くのもよし、季節の花や緑を探索しながら歩くのもよし、楽しみ方は様々である。実際に歩いてみるといかに広大な敷地であるかが体感できるし、二の丸から本丸にかけて城中に急な坂道があることなどもわかり、江戸城の構造を三次元的に体得できることだろう。

ひととおり江戸城本丸御殿の探索も終えたので、いよいよ直弼の大老時代の政治についてを見ていくことにしたい。

安政5年（1858年）4月23日、江戸城中にて直弼は、老中堀田正睦《まさよし》らから大老職の拝命を伝えられた。直弼の大老就任は、将軍家定《いえさだ》の「特別のご意思による」ことが大老任命の辞令に書かれている。直弼にとっても彦根藩にとっても何の前兆もない、突然の大老職拝命であった。

将軍家定が直弼を大老に任命した背景には、将軍継嗣《けいし》問題が色濃く映し出されていた。先にも少し触れたが（「彦根藩上屋敷跡」）、水戸藩の徳川斉昭《なりあき》は、実子である一橋慶喜《ひとつばしよしのぶ》を将軍職に据えて自ら天下の実権を握ろうとの策略を弄していた。慶喜の聡明さを認める福井藩の松平慶《よし》永《なが》や薩摩藩の島津斉彬《なりあきら》らが慶喜の次期将軍継嗣を強力に後押ししていた。

一方の井伊直弼は、将軍継嗣問題は臣下である斉昭や直弼が決めることではなく、あくまでも現将軍である家定が定めるべきこととの認識を示すとともに、将軍との血筋の近さから考えれば、紀伊の徳川慶福《よしとみ》が最も相応しいとの考えを抱いていた。

味方したのは、大奥だったと言われている。

斉昭の日頃の傲慢な言動が災いして、大奥における水戸藩の人気は地に墜ちた状態だった。慶喜が将軍となった場合、実父である斉昭がいかなる横暴な振る舞いを行うかが計り知れないとの不安心が大きく、もしも慶喜が継嗣となれば自害すると生母である本寿院が家定に迫ったとも伝えられている。

老中主座である堀田正睦は、この政治的混乱を収拾するために松平慶永を大老職に据えようと将軍家定に進言したが、一蹴された。大老にするのなら家格といい人格といい直弼を置いて他にないと家定をして言わしめたのだ。

この時の家定の判断は正鵠《せいこく》を得ている。江戸時代は厳格に慣例が踏襲されることで成り立ってきた社会である。これまで松平家が大老となった前例はない。松平慶永は、元々大老となる家格ではなかった。無理を承知で敢行した堀田老中の策略は、家定によって見事に打ち砕かれた。溜間詰大名時代から外交問題等で斉昭と対等に渡り合ってきた直弼こそが、斉昭の暴走を抑え得る唯一の存在として、急遽クローズアップされたものと考える。

直弼の大老就任は、幕末史の中で徳川幕府が最も困難を極めた最悪のタイミングでの就任でもあった。目前に突き付けられた課題は、日米修好通商条約の締結問題だった。

直弼が大老に就任したのが4月23日で、日米修好通商条約締結がわずか2ヶ月後の6月19日だから、いかに切迫したタイミングでの大老就任であったかが窺われる。

日米修好通商条約締結については一般に、開国派である大老井伊直弼が独断で、周囲の反対を押し切って勅許なしでの締結を敢行したとされている。勅許という手続きを取らずに条約締結を行ったことに対して、尊王攘夷派からの大きな反発を招いた。一方後世に至ってからは、日本を開国に導いた英雄として再評価される一面も有している。

賛否両論相分かれる評価となっている日米修好通商条約締結だが、近年の歴史学者の研究成果によって新しい事実が明らかにされ、条約締結の実像がだいぶ変わりつつあるように思われる。ここでは、前出の母利美和《もりよしかず》さんの著作を参照しながら、新たな直弼像の模索を試みてみたいと思う。

アメリカ総領事ハリスから、イギリスとフランスが清国に勝利した勢いに乗じて日本に通商条約締結を強要してくるという情報を得た交渉役である下田奉行の井上清直と目付の岩瀬忠震《ただなり》は、今すぐアメリカと通商条約を締結すれば、両国から強引な要求があってもアメリカが間に入って日本が困らないように調停するというハリスの言を幕府に伝えた。

直弼は、直ちに三奉行（寺社奉行、町奉行、勘定奉行）をはじめ関係諸役人を招集して評議を行った。直弼が、勅許を得ないうちは調印すべきでないと主張したのに対して、同調したのは若年寄の本多忠勝ただ一人で、ほとんどの役人が直ちに調印すべきであると申し立てた。

直弼はなお熟考するとして御用部屋に戻り、老中らと協議を重ねる。積極開国派である堀田正睦と松平忠固《ただかた》が即時調印を主張したのに対して他の者はさしたる意見を持っていなかった。仕方なく交渉役の井上と岩瀬の両人を呼び寄せて、それでも直弼は、勅許を得られるまではできる限り調印を延引するよう交渉することを命じた。

その時に井上から、交渉が行き詰まった場合には調印してもいいかと問われたのに対して直弼は、その際には仕方がないが、なるべく延引するように努めるよう指示している。

直弼の命令はあくまでも勅許が得られるまで調印を延引することであったのに、「その際は仕方がないが」という言質《げんち》を奇貨として井上と岩瀬はハリスとさしたる交渉もしないでさっさと条約を締結してしまったのである。

今まで知られている通説とはニュアンスが違っていることに気づくだろう。

直弼の考えは、大きな意味では開国派に違いないが、堀田正睦や松平忠固、あるいは岩瀬忠震のような積極開国派ではない。今の日本の武力では外国に対抗することはできないので、この状態で攘夷を敢行することは徒に欧米列強に日本侵略の口実を与えるだけである。今は彼らの要求を呑んで開国に応じざるを得ないが、やがて国力を充実させて諸外国と対等の立場で外交を行うようにしていくべきだ。

直弼は、条件付きの開国論者であった。

直弼の真意は、岩瀬らの確信犯的で老獪な交渉術により踏みにじられる結果となってしまった。堀田正睦と松平忠固は将軍継嗣問題も重なり、条約調印直後の6月23日に直弼により罷免されているし、岩瀬は後に安政の大獄において知行召し上げとなり公職から追放されている。

この時の勅許なしの条約調印が直弼にとってはいかに本意でなかったかという事実が、彼らへの直弼の厳しい処分を見ればよくわかる。本意ではなったものの、直弼は時の幕府の最高責任者として、対外的には一身に反対派からの批判を受け、責任をかぶることになる。

ここまで、日米修好通商条約締結時における知られざる直弼の真の素顔を見てきたが、さらに驚くべきもう一つの事実を、私は母利美和さんの著書から知った。

調印当日の彦根藩邸における直弼と側役の宇津木六之丞《うつきろくのじょう》とのやり取りである。

藩邸に戻った直弼は、条約調印についての顛末を六之丞に報告する。六之丞は直弼からの報告を聞いて、直弼が一人で勅許を得るまで待てと主張しても、そういう状況となってしまっては如何ともしがたいことは理解するが、方針を最終決定する前にどうして諸大名を招集して意見を徴しなかったのかと、直弼の取った行動に意見した。

元々、条約締結の勅許を得るために堀田と岩瀬らが直々に京都に赴いた際、孝明天皇から再度諸大名の意見を問うように命じられていたという事実が六之丞の批判の背景にある。その手続きを踏まずに幕閣のみで調印してしまった手続き上の不備を六之丞は指摘したのである。

驚いたことに直弼は六之丞の指摘に対して、その点に気づかなかったのは誠に無念の至りであり、こうなった以上は身分伺いをするよりほかに方法はないと、大老を辞任する意思を表明したというのである。

さらにさらに、彦根藩の側役と公用人全員が招集され評議した結果、彼らは至急神奈川に使者を派遣し調印を中止させるよう直弼に迫ったが、直弼は、すでに老中の衆議が決定して将軍へも伺い済みのことなので、大老一人の判断ではもはや中止することはできないと述べたという。

家臣団に指摘されてしょげかえる直弼の様子がまるで目に見えるようだ。

この記述は、木俣家が書き写した彦根藩の公式記録である「公用方秘録」に記載されていた当夜の記録である。

「公用方秘録」の原本はすでに失われていて、明治18年（1885年）に井伊家から明治政府に提出された「公用方秘録」の写本がこれまでは唯一の史料とされていた。この井伊家写本に記載されている条約締結時の記述内容が日本史の通説となっていたのであるが、実はこの井伊家文書の一部が井伊家関係者の手により改竄されていたことが近年明らかになった。改竄前の「公用方秘録」の内容が、木俣家に伝来する「公用方秘録」抄本によって確認されたのだった。

私がまず驚いたことは、直弼と側近たちとのフランクな関係である。直弼と六之丞の関係は、今で言うところの首相と首相秘書官の関係と言うよりはむしろ、主人と家臣という主従関係の側面が強いものと思っていた。

主人である直弼が今日あった重要な政治的事件について、一介の家臣に過ぎない六之丞に報告すること自体がまず意外だったし、それに対して六之丞が主人の取った行動の非をストレートに指摘していることにも驚かされた。その指摘に対して、直弼が素直な感情で後悔の念を表明していることにさらに驚愕した。

封建制度における主人と家臣の関係というのはもっと一方的な関係であると思っていたので、少なくとも直弼とその家臣団においては、まるで家族のような関係であることに温かさというか人間性を強く感じた。

もう一つ驚いたことは、直弼が大老辞任を考えたという事実である。

今までの直弼像は、絶大なる権力を得て、その権力を正面から行使した強い人間像であったと思う。その権力に刃向かう者は、たとえそれが徳川御三家の大名であっても怯まない。鋼鉄のような強い精神力を持った男。良きにつけ悪しきにつけ、それこそが直弼の特徴だと思っていた。

ところが実際は、就任後わずか2ヶ月の時点で、直弼は大老辞任を考えていた。

そこには、条約調印に際して、朝廷の反対を押し切って鋼のような強い心で突き進んだというような剛腕政治家直弼のイメージはまったくない。国家の難題に直面して、私たち凡人と同じように悩み、時には自分の取った行動を後悔するという人間直弼の苦悩が垣間見られる。私はそういう直弼の姿にこそ、本当の人間的魅力が現れているのではないかと思う。

ちなみに大老辞任の件は、今大老を辞任すれば直弼を大老に任命した将軍家定にも責任が波及するので適策ではない、後悔は打ち捨て今後の処置を最優先に考えていただきたいと六之丞に説得され、翻意している。これではどちらが主人でどちらが家臣かわかないが、直弼はいい家臣を持っていたということだと思う。そんな忠臣であった宇津木六之丞が、直弼亡き後、長野主膳と同罪とされ、さしたる詮議も受けないままに彦根藩によって処刑されてしまったのは、慙愧《ざんき》に堪えない。

この木俣家「公用方秘録」の発見は、今までの直弼のイメージを一新し、真の直弼を知るうえでの大発見であると私は思う。


長々と条約調印の真実について書いてしまったが、直弼は調印してしまった条約を後悔する時間もなく、もう一つの喫緊の政治課題である将軍継嗣問題にも決着をつけなければならなかった。

慶喜擁立派は、勅許なくして条約を締結したことを攻撃材料として、将軍継嗣問題を慶喜で決着させようと迫ることは明白だった。家定の真意が紀州の慶福にあることを事前に確認していた直弼は、慶喜派に傾いていた堀田正睦と松平忠固の2人の老中を間髪を入れずに罷免した。条約調印のわずか4日後の6月23日のことだった。

不思議なことに堀田正睦と松平忠固は積極的開国派だったが、こと将軍継嗣問題に関しては、尊王攘夷派の雄である徳川斉昭に与していた。

堀田と松平が老中を罷免された翌日の6月24日、水戸藩の徳川斉昭・慶篤《よしあつ》父子、一橋慶喜、福井藩主松平慶永らが、勅許を得ずに日米修好通商条約を締結したことに抗議して、定められた登城日でないにも拘わらず、不意に江戸城に登城した。

不時の登城は予め許諾を得なければならない事項であるが、国家危急の時であるとして許可なしで登城したものであった。直弼は、老獪な政治家ぶりを遺憾なく発揮して、食事も出さずに長らく斉昭らを待たせた挙げ句、のらりくらりの答弁で彼らの追及を見事にかわした。そこには、6日前に宇津木六之丞らに大老辞任をほのめかした弱気の直弼の姿はない。

この日の不時登城は直弼にとって、後日、斉昭らを掟破りの行為として処罰する格好の材料を与えることになった。

こうして慶喜擁立派の最後の捨て身の攻撃を撃退した直弼は、翌6月25日に次期将軍を紀州の徳川慶福とすることを諸大名に公表して、5年間に亘って繰り展げられた将軍継嗣問題に終止符を打たせた。

人間直弼としての迷いもあったけれど、結果として直弼は、大老就任からわずか2ヶ月で、条約調印と将軍継嗣という二つの喫緊の政治課題を解決してしまったことになる。7月6日に第13

代将軍家定が35歳の若さで死去したことを考え合わせると、まさにギリギリの対応であった。

直弼にとって残された課題は、一連の今回の政治課題の解決に際して直弼の前に立ちはだかった反対勢力への処罰であったが、期せずして8月8日に水戸藩に下った攘夷実行の密勅が契機となって安政の大獄として実現することになる。

安政の大獄については、彦根篇の「天寧寺」の章で長野主膳と絡めて書いたので、繰り返さない。

長くなってしまったが、この辺で江戸城本丸御殿跡を去ることにする。直弼が命を懸けて斉昭らと戦った舞台である本丸御殿は、文久3年（1863年）の火災により焼失したまま再建されることなく明治維新を迎えた。

今では広々とした緑の芝生と化しているこの広場のどこかで、直弼と斉昭との壮絶な戦いが何度も繰り返されたことなど知る由もない。平和な風景が、どこまでも拡がっているのみだ。

旧品川宿（土蔵相模）・愛宕神社（水戸浪士集結の地）

時はやや飛ぶが、桜田門外の変の前夜の江戸となる。すでに井伊直弼《なおすけ》は大老に就任し（安政5年〈1858年〉4月23日）、日米修好通商条約が締結され（同年6月19日）、安政の大獄が断行されている（安政5～6年）。

今回は視点を変えて、井伊直弼を桜田門外で害する水戸浪士たちの前夜からの足跡を追う旅をしてみた。

安政7年（1860年）3月2日夜、13人の水戸浪士が品川宿にある旅籠《はたご》屋「土蔵相模」に集結していた。彼らはここから黎明に愛宕《あたご》山にある愛宕神社に移動して、更に数人の仲間と落ち合った後に、企てが成就することを祈念して桜田門に向かったという。

私は、彼らが桜田門に達する前に立ち寄った二つのスポットに焦点を当てて、訪れてみることにした。

その前に、水戸藩の立場から見た桜田門外の変についてを考えてみることにしたい。これまでの私は、直弼の足跡を追い、一貫して直弼の視点からこの時代を見つめてきた。直弼と対立する水戸藩の立場からの視点が欠けていてはフェアーではないと考えたからだ。

水戸藩および徳川斉昭《なりあき》と彦根藩および直弼の関係は、まったく相性が悪いというか、事ある毎にいろいろなところで対立する関係にあった。

藩レベルで言えば、江戸川の水運をめぐり、水戸藩士と彦根藩士とのいざこざとなった江戸川事件が文化8年（1811年）に起きている。川の通行をめぐって、徳川御三家の威光と溜間詰《たまりのまづめ》を世襲する有力譜代大名家のプライドが激突した事件であった。

水戸藩からすると、江戸川にて最初に乱暴狼藉を働いたのは彦根藩の方だったのに、彦根藩は嘘偽りを申し立てて巧みに処罰から逃れようとした。許しがたい卑怯な行為であるとの遺恨が残った。

藩主レベルで言えば、将軍継嗣《けいし》問題や外交政策をめぐって斉昭と直弼とで悉《ことごと》く意見が対立した。将軍継嗣問題については、父である斉昭の不純な動機が見え隠れしているのでさて置くとして、外交政策については水戸藩にも言い分はあった。

水戸藩は、徳川幕府の御三家という立場にありながら、代々尊王を旨とする家風を引き継いできた。外交に関しては攘夷を旨としているが、必ずしも時流を読めない外交音痴であったわけではない。水戸藩は藩領のかなりの部分が太平洋に面している。ペリーが黒船を率いて来航するずっと以前から、はるか沖合いを何十隻もの捕鯨船が航行しており、常に外国船からの脅威に晒されてきた。文政7年（1824年）には、捕鯨船の乗組員が水戸藩領の大津浜に漂着して食料を要求するという大津浜事件が発生するなど、異国人との接触を実際に経験していたのである。

水戸藩の攘夷思想は、彼らが外国人と接してきた経験をベースとして、外国人の脅威を直接体験しているところから来ているものと考える。外国人の強さと恐ろしさを他のどの藩よりもよく知っているからこそ、徹底して排除を主張しているのだ。

頭で考えたり書物で読んだりした理論ではなく、自らの体験に基づく実感であるから、心から攘夷だと確信している。水戸藩の攘夷思想には、強い信念がある。

将軍継嗣問題についても、前藩主であった徳川斉昭の実子である一橋慶喜《ひとつばしよしのぶ》は、聡明な人物であった。一歩間違えば諸外国が日本を蹂躙《じゅうりん》するかもしれない危急の時にこそ、将軍には強力なリーダーシップが要求される。

わずか13歳の紀州の慶福《よしとみ》では、この日本の難局を乗り切れるわけがない。本当に日本のことを思うのであれば、次期将軍は一橋慶喜公以外には考えられない。徒《いたずら》に紀州の徳川慶福を担ぐ井伊直弼は、幼君を擁して自らが政治の実権を握ろうとする奸臣以外の何ものでもない。水戸藩の藩士らは、一様にこのように考えたに違いない。

水戸藩士をして直弼に対する憎悪を決定的にしたのは、水戸藩への倒幕の密勅降下問題であった。徳川幕府へではなく水戸藩に直々に勅書が下されたということは、天皇の水戸藩への絶大なる信頼感が為せる業である。その帝の信頼の証である勅書を直弼は、幕府の体面上の理由から返却するよう水戸藩に迫った。幕府の要求は、水戸藩への冒涜である。このような要求を突きつける直弼は、まことに許しがたい人物である。

いろいろな要素が重なった。水戸藩士にとっては、直弼の剛腕政治に翻弄されて、斉昭も失脚の憂き目に遭わされた。天皇からの信頼の証である勅書まで返却を余儀なくされ、散々の仕打ちを受けている。諸悪の根源は直弼であり、このような事態に至ったからには、直弼を実力で排除する以外に、水戸藩の正義を貫ける道はない。

藩への熱い思いを抱いた藩士たちの思い詰めた感情を抑えることは、もはや誰にもできなかった。事件は、起こるべくして起こったということなのかもしれない。

旧品川宿は、今では幹線道路である国道15号線から1本、海側に外れた細い道沿いにある。厳密に言えば、旧東海道は今も昔も変わらずこの細い道であり、むしろ国道の方が旧道を避けて新しく作られただけである。

品川宿の入口は今の品川駅ではなく、京急線北品川駅である。品川駅の一つ南側にあるのに北品川という駅名なのがおもしろい、と言うか紛らわしい。ここからさらに南側に連なっているのが、旧品川宿である。品川宿は、目黒川で二つに分かれている。目黒川の北側を北品川宿と言い、南側を南品川宿と言うのだそうだ。先程の「北品川」駅は、北品川宿にあるから「北品川」と命名されたのであろうが、今の品川駅を中心とする品川の繁華街は、さらにそれよりも北にできてしまっている。

有名な東海道五十三次では、品川宿が最初の宿場であり、日本橋を出立した江戸時代の旅人は、まず最初の品川宿に到着して安堵し、旅の行く末を思いやったにちがいない。

旧品川宿は、最近静かな脚光を浴びている。沿道の関係者の尽力により案内板などが設置され、江戸時代の面影を残す町並みとして整備されつつあるからだ。都会に近い立地でありながら、下町情緒がたっぷり味わえるのもうれしい。

私が目指す土蔵相模の跡は、北品川宿の入口から比較的近い場所にあった。今ではマンションとなっている街道沿いの建物の一角に、木で作られた説明板が据えられていた。その説明板によると、ここにあったのは旅籠の相模屋で、外壁が土蔵のような海鼠壁《なまこ》であったところから、一般に「土蔵相模」と呼ばれていたとのこと。

桜田門外の変に関連してこの土蔵相模を訪れる人は、ごくごく稀ではないだろうかと思う。土蔵相模が有名なのは、文久2年（1862年）、高杉晋作や久坂玄瑞《くさかげんずい》らがここで密議を凝らして建設中だった英国公使館（御殿山）を焼き打ちしたことだろう。土蔵相模は、そんな浪士たちの溜まり場となっていた旅籠である。

長州藩がおかしな藩だと思うのは、高杉晋作などが藩の公金を借り出しては土蔵相模などで飲めや歌えのどんちゃん騒ぎをして浪費してしまっているのに、お咎《とが》めなしであるばかりか追加で資金を供出しているところだ。飲んでしまう方も飲んでしまう方だが、それを許す方も許す方だ。そういうおおらかさが、この藩の革新性を根底から支えていたのかもしれない。

土蔵相模は、単なる宿泊を目的とした旅籠屋というよりは、むしろ現代の感覚で言えば妓楼《ぎろう》と言った方が正確ではないかと思う。泊まるだけでなく、お酒も出れば女性もいる。これこそが粋というのだろうか。明日の早朝には命がけの義挙に打って出るという決死の覚悟でいる彼らが選んだ集合場所が、旅籠ではなく妓楼であるところに、当時の武士たちの時代感覚を窺うことがで

品川宿土蔵相模跡

愛宕神社水戸浪士石碑

愛宕神社水戸浪士額絵

きる。

前日に土蔵相模に集結した水戸浪士は13人。彼らは翌3月3日の早朝に土蔵相模を出発して、最終集合地点である愛宕神社に向かう。すでに雪がしんしんと降りしきり、寒気が身に沁みる。今の駅で言うと、ルートは若干異なるが、品川駅から田町駅、浜松町駅を経て新橋駅まで行くらいの距離であったと思う。

最終集合地点である愛宕神社に集結したのが午前7時。愛宕神社は愛宕山の中腹にあり、そこには一名を出世坂とも呼ばれている急峻な男坂の石段が聳えている。深い雪の中を浪士らはこの石段を上って行ったのだろうか？　そんな想像をするだけで、にわかに緊張感が湧き上がる。

時折しも、私が訪れた愛宕神社は桜の花が咲き誇る季節であった。愛宕神社は都内でも有名な桜の名所でもある。神域のそこここに植えられた薄ピンク色の桜の花弁が優しい雰囲気を醸し出している。平和な桜の景色のなかで血気にはやる彼らのことを思いやるのは、場違いな気がした。

雪が降っていなければ、当時であればここから桜田門が見えたのではないか。愛宕山自体は標高26ｍの低い山であるけれど、比較的平坦な江戸の中では、街を一望のもとに見渡せる立地にあったものと考える。今では、高いビルが立ち並び、眺望はごくごく限られてしまっている。

愛宕神社は、三田の薩摩屋敷での歴史的会談の前に、西郷隆盛と勝海舟がここ愛宕神社で江戸の市街を見渡しながら会談して、この街を戦火に晒してはいけないとの基本的認識を得たとのことが神社の案内板等にて紹介されている。官軍と幕府軍の両者が対峙し一触即発の状況下で、はたして両軍の責任者である西郷と勝がさしたる警備も伴わずに会談することが可能であったかどうか？　私は疑う気持ちを持っているが、ホームページや案内板で公式に記述されているので、神社の主張を紹介しておく。

また愛宕山には、ＮＨＫの放送博物館が建てられている。残念ながら私が訪れた日は休館日であったため見学することができなかったが、ここに大正14年（１９２５年）７月にＮＨＫの最初の放送局が設置されたことから、それを記念して昭和31年（１９５６年）に建設されたのが放送博物館だ。貴重な放送機器等が展示されており、放送の歴史やＮＨＫの番組の歴史等を楽しみながら学習できるそうである。

博物館前の広場には、何の花だろうか？　桜の一種なのかもしれないが濃いピンク色をした花が咲いていて、背後の愛宕山レジデンスの高層ビルを背景に強い存在感を示していた。

話を幕末の水戸浪士に戻す。

水戸藩浪士17人と薩摩藩士１人の襲撃メンバー18人全員は、今は現存しないが敷地内にあったという絵馬堂に勢ぞろいして、神前に彼らの義挙が成就することを祈念した。櫻田烈士愛宕山遺蹟碑と書かれた大きな石碑が今でも存在する。

愛宕神社は、慶長８年（１６０３年）に徳川家康の命により江戸の防火の神様として建立された社である。彼らは彼らの論理として、今回の桜田門外での行為は徳川幕府のための義挙であるとの主張なのであろうから、正当性を主張するうえでも地理的にも愛宕神社に詣でたことは、ある意味必然だったのかもしれない。

三つ葉葵《あおい》の帳《とばり》が降りる本殿の内陣にも、降りしきる雪の中を愛宕神社に集結した水戸浪士たちの姿を描いた額絵が飾られていて、愛宕神社が徳川幕府にとっても浪士たちにとっても所縁《ゆかり》のある土地であることを主張していた。

ここまで来れば、桜田門は意外と近い。浪士たちは積もる雪を踏みしめながら愛宕山を降りて、一路桜田門を目指した。次回はいよいよ、事件の現場となった桜田門に赴いてみたい。

ちょっと足を伸ばして

ちょっと足を伸ばして、品川宿を横浜方面に歩いてみよう。

旧東海道からほんの少し山側にずれるが、近くには岩倉具視《ともみ》や越前藩主松平慶永《よしなが》（春嶽《しゅんがく》）の墓がある海晏《かいあん》寺《じ》（非公開）、土佐藩主山内豊信《とよしげ》（容堂）の墓がある品川区下総《しもうさ》山墓所などが並んでいる。奇しくも、松平慶永も山内容堂も、将軍継嗣問題では一橋慶喜を推挙した大名である。

また、京急平和島駅の手前には、鈴ヶ森刑場跡を示す石碑が建てられている。八百屋お七が火炙りの刑に処せられた時の心棒を立てた石の土台（火炙台）や、丸橋忠弥《ちゅうや》が磔の刑に処せられた石の土台（磔台）などが残されていて、かなりリアルである。

桜田門

桜田門を訪れた私にとって非常に意外だったことは、日本史の中でも極めて有名な事件であるにも拘わらず、桜田門の周辺には事件について記述された説明板や標柱等がどこにも見当たらなかったことである。

誰もが知っている事件だからであろうか？

それにしても、何らかの「痕跡」が残されていてもよさそうなものであるのに…。

安政7年（1860年）3月3日は、太陽暦で言うと3月24日にあたるという。春分の日も過ぎて、普通の季節であれば春の訪れを感じる季節であろうが、この日は朝からしんしんと雪が降っていた。

一説によると、この日の早朝、井伊家には直弼《なおすけ》襲撃の企てがあるとの情報が寄せられていたとも言われている。そうでないとしても、当時の江戸幕府の高度な情報収集能力から考えれば、危険の兆候はかなりの確度で察知されていたものと考える。

病気と称して江戸城への出勤を取りやめることもできたであろうし、増やそうと思えば供回りの人数を増やすこともできたのではないか。あるいは替え玉を使うことだって不可能ではなかったはずである。本当に命を惜しむのであれば、いろいろな回避策を取れたはずなのに、直弼は敢えて、いつもとまったく同じようにして上屋敷《かみ》を出立した。

井伊家の門からは、やむことなく降り続ける雪が視界を遮って、目と鼻の先にある桜田門でさえ見えなかったかもしれない。

早朝に愛宕《あたご》神社に詣でた水戸浪士らは、8時頃には桜田門に到着していたようである。今と違って長靴もなければ使い捨てのカイロなどもない時代である。雪の降りしきる屋外に長時間滞在するだけで彼らの体温は奪われ、さぞかしつらい時間を過ごしたことと想像する。もっとも、これから彼らが起こす企てのことを思えば、興奮と緊張とで寒さなど感じている余裕はなかったかもしれない。

当時は江戸城に出勤する大名行列を見物することが江戸の一つのブームのようになっていて、見物に便利なようにと大名の家紋が記載された武鑑《ぶかん》という小冊子まで発行されていたそうである。今で言うところのプロ野球の選手名鑑のようなものだろうか。

だから桜田門の周辺で武士たちが屯《たむろ》していても、一般にはそれほど怪しい風景には映らなかったのではないかと言われている。それにしても雪がしんしんと降り続く日に大名行列を見物するのは、あまり普通の光景とは思われない。ましてや、殺気立った雰囲気はきっと周囲にいた人ならば察知できたに違いない。

彼らは目立たないようにばらばらとお濠側と大名屋敷側とに分かれ、時を待った。

午前9時。直弼の行列がちょうど今の桜田門交差点に差し掛かったところで、突然事件が勃発した。

水戸浪士の一人である森五六郎が訴状を掲げて隊列の先頭に近付いた。

狼藉者だ。にわかに緊張が走る。そして一発のピストルが発せられてからは、猛烈な切り合いが始まった。

直弼の供回りは60人と伝えられている。それに対して水戸浪士たちは僅か18人。圧倒的な数的有利を直弼サイドは活かすことができなかった。雪の中の行進であったがために、刀の柄に覆いがかけられていて即座に刀が抜けなかったためと言われている。それにしても、三分の一以下の数の敵に対してなす術もなく殿様の首を取られた彦根藩士の弱さは、目を覆わんばかりである。

そこには、井伊の赤備えと称して恐れられた藩創建当時の精兵のイメージはない。長年続いた太平の世の中で、実戦経験もないままに、武士そのものの魂と戦闘術とが弱体化していったものと考える。恐ろしさのあまり、殿様の一大事にも拘わらず持ち場を離れ、逃げ去った家来が複数いたこともわかっている。

一方の水戸浪士側も、実際のところはけっして褒められた戦闘とは言えなかったようであるが、そこは直弼に対する怨念を強く持っていた分、彦根藩の藩士たちよりは気力において勝《まさ》っていたものと思う。

やがて水戸浪士の稲田重蔵が行列中央に置かれた駕籠《かご》に向かって白刃を突き刺した。そして唯一薩摩藩から参加した有村次左衛門が駕籠の扉を開けぐったりとしている直弼を引き出して、首級を挙げた。

直弼はどうして戦わなかったのか？

桜田門外の変のシーンは幾多もの映画やドラマで演じられているが、どれを見ても直弼は駕籠の中でじっと坐ったまま無抵抗である。自分の家来を最後まで信じてじたばたしなかったのか？　もちろん、それもあると思う。直弼ほどの胆力のある人であれば、この期に及んでうろたえることなどなかったはずだ。

もう一つ考えられることは、敢えて直弼は水戸浪士らに自分の命を与えようと考えたのではないか？　安政の大獄を断行して多くの尊い人命を奪った罪は、直弼自身が一番よく承知していたはずだ。彼らに命を与えることが解決になるとは私は全然思わないが、直弼はこの日が来ることを予め予期していて、自ら従容として死に就いた気がしてならない。

舟橋聖一さんの『花の生涯』では、襲撃の合図となった最初の一発の銃弾が直弼に命中した説を採っている。その可能性も非常に高いと私も思っている。

いずれにしても、たった15分程度の戦闘で、すべてが終わった。

すべてが終わったと同時に、新しい何かがここから急速に始まっていく。

直弼の首級を挙げた有村は、追いすがる彦根藩士に後ろから袈裟《けさ》掛けに切られながらも、直弼の首を抱えたまま逃げ続けた。今で言うところの皇居前広場を濠に沿って駆け続け、大手門の手前、遠藤但馬守《たじまのかみ》の屋敷前で力尽きて自刃したと伝えられている。今のパレスホテルの辺りであると思われる。距離にして1500mはあったのではないだろうか。同じ道筋を実際に歩いてみたが、普通に歩いてもかなりの長い距離だった。刀傷を負いながら雪の中を走ったことを考え合わせると、驚異的な距離だったということができるだろう。

首にとっては極めて不本意であっただろうが、有村と一緒に直弼の首は、ずいぶんと遠くまで運ばれてしまったものだ。

直弼の首は、遠藤但馬守邸から飯びつに入れられて戻ってきたという。その後、藩医によって胴体と縫合されたと伝えられている。大名は後継ぎがないままに死亡した場合お家取り潰しとなるため、井伊家は直弼の死をひた隠しに隠した。そのための窮余の策が藩医による縫合だったのであろう。

急を聞いて彦根藩邸から藩士たちが駆け付けた時には、すでに水戸浪士たちの影はなかった。直弼の突然の訃報に接した彦根藩邸の人々の驚きと悲しみはいかばかりだったことだろうか。彼らはこみあげてくる悲しみと怒りを堪《こら》え、無残に散らかっている遺品を集め、藩邸に収容した。この時の血染めの土などを彦根に運んで埋めたのが、前に書いた天寧寺《てんねいじ》の井伊大老供養塔である。どんな形であれ、直弼の最期に所縁《ゆかり》のあるものを形見として彦根に伝えたいという、江戸詰の藩士たちの気持ちであったのだろう。

それにしてもどうして、こんなに藩邸から近い距離での襲撃が可能だったのか？　私の疑問は依然として残る。降雪という気候条件が水戸浪士側に幸いしたことは言うまでもない。それに先にも書いたが、歴史的に有名なこの戦闘はたった15分で終わったという。今と違って携帯電話などない時代だから、雪の中を援軍を求めて藩邸に駆け戻ったとしても、時すでに遅しだったのかもしれない。せめてあと15分でも持ち堪えることはできなかったものか？

実に呆気ない最期だった。

一国の宰相が、こんなに簡単に命を落とすことがあっていいものか？　直弼の生涯をずっと追い続けてきた私にとっては、実に残念でならない結末である。類まれな胆力と忍耐力でここまで上り詰めてきた人にしては、なんと淡白な終幕であったことか。

直弼の最期の潔さは、本能寺の変で逝った信長のそれに似ているかもしれない。信長があともう少し生きていたら安土桃山時代の歴史は別のものになっていたかもしれないのと同様に、直弼がなお存命であったならば幕末の歴史もまた変わっていたに違いない。

しかし歴史の残酷さは、埋木舎《うもれぎのや》からはるばる長い旅をしてきた直弼を、突然に歴史の大舞台から葬り去った。直弼の役割は、ここまでの運命であったということか。

誰がいつごろ植えたものか、また直弼が柳の木を愛でていたことを知ってか知らずか、彦根藩の上屋敷があった現憲政記念館から桜田門にかけての桜田濠には、柳の木が点々と植えられている。柳の枝のようにしなやかに風に靡《なび》いて、しかし地面に根を強く張る柳の木こそ、埋木舎時代に直弼が求めた理想だった。

桜田門

直弼襲撃地点付近の現在

桜田門から彦根藩邸跡を望む

そんな直弼の気持ちを映し出しているかのように、柳の枝はそよ吹く風に絶えず揺れていた。

桜田門外で現職の大老である直弼が横死したことは、滅びゆく徳川幕府の象徴として印象づけられ、事実直弼の死から歴史は大きく討幕へと流れが切り替わっていくことになる。桜田門外の変から明治維新までの時間が僅か8年でしかないことを考えると、この事件が徳川幕府にとってはまさにターニングポイントであったことがわかる。

今の桜田門に事件を物語る何の痕跡もなかったものだから、ついつい想像のみで桜田門外の変の様子を長く綴ってしまった。直弼が落命した場所は、今は警視庁前の中央分離帯となっている辺りだろうか?

そんな恐ろしい事件があったことなど関係ないとでも言うように、市民ランナーたちがひっきりなしに桜田門の前を通過していく。その光景は、平和そのものである。深い緑色をたたえるお濠の水も緩やかな土居を埋める草々も、心に馴染んでうつくしい。

豪徳寺（墓所）

最終目的地である豪徳寺に行く前に、今日はちょっと寄り道をしてみたい。

スタート地点は三軒茶屋。ここから、路面電車に毛の生えたようでキュートな東急世田谷《せたがや》線の電車に乗る。もうそれだけで、遠足気分でルンルンになる。少し前まではイモ虫のような緑一色の電車が走っていたものだが、今では赤色や緑色を基調とした近代的なデザインの車両に変わっている。個人的には、かつてのイモ虫電車が懐かしい。

それにしても、沿線の家や木々がなんと電車に近接していることか。民家の庭を車窓の借景にしながら、歩くようなスピードで電車は進んでいく。まるで遊園地にあるミニ列車に乗っているような感覚だ。せっかくだったのでもう少し乗っていたかったのだが、驚いて周囲を眺めているうちに、目指す松陰《しょういん》神社前駅に着いてしまった。

駅前の道を少し行くと、目指す松陰神社の鳥居が見えてくる。神社名からわかるように、この神社は幕末の思想家であり教育家であった吉田松陰を祀った神社である。菅原道真《みちざね》ほどの知名度はないが、受験シーズンともなれば、合格祈念の親子連れで賑わうという。神社の一角には吉田松陰が萩で開いた松下村塾《しょうかそんじゅく》のレプリカが建立されていて、萩に行かなくても当時の様子を偲ぶことができる。

実は吉田松陰の墓が、松陰神社の中にある。

せっかく豪徳寺に行くのなら、その手前にあるからと思い、わざわざ途中下車して松陰の墓に詣でようと思った次第だ。案内板に従い、社殿に向かって左側にある墓地を進んでいくと、「吉田寅次郎藤原矩方墓」と刻まれた比較的小さな墓標に辿り着く。ここここそが、吉田松陰の墓所である。

説明書きに曰く。

松陰先生墓所
文久3年(1863年)正月9日、高杉晋作は千住《せんじゅ》小塚原回向院《えこういん》より伊藤博文、山尾庸三、白井小助、赤根武人《たけひと》等同志と共に、この世田谷若林大夫山《だいぶやま》の楓《かえで》の木の下に改葬し、先生の御霊の安住の所とした。同時に頼三樹三郎《らいみきさぶろう》、小林民部《みんぶ》も同じく回向院から改葬した。

これから訪れる井伊家の菩提寺である豪徳寺もそうだが、世田谷には大名の領地の飛び地が多数存在していたらしい。松陰神社がある土地は、江戸時代に毛利家の別邸があった地で、安政の大獄により江戸の小伝馬町《こでんま》で斬首され千住小塚原の回向院に葬られていた吉田松陰の遺体を、弟子であった高杉晋作らがここに移葬したものと伝えられている。

直弼《なおすけ》の墓に詣でる前に松陰の墓に詣でるというのも、複雑な思いがする。

小伝馬町の牢に囚われた後も松陰は、自らの運命を楽観的に考えていたようである。一説によると松陰を死に追いやったのは、過激な思想をもち行動力抜群の松陰を持て余していた長州藩の意向が強く働いていたとも言う。歴史の真相はわからないが、松陰は安政6年（1859年）10月27日、30歳の太く短い生涯を閉じた。

牢舎があった小伝馬町には、「松陰先生終焉之地」の石碑が建てられている。その傍らには、

身ハたとひ武蔵の野辺に朽ちぬとも
留置《とどめおか》まし大和魂

の歌碑が刻まれている。志半ばで世を去らなければならなかった松陰の気持ちを思うと、さぞ無念な死であったことと思う。最後に、松陰の辞世の歌をここに記載して松陰神社を後にすることとしたい。

親思ふこころにまさる親ごころ
けふの音づれ何ときくらん

松陰神社の前の道をほぼまっすぐ西の方向に10分ほど進んでいくと、住宅街の中に突然のごとく世田谷城址公園の小高い山が見えてくる。こんな住宅街の真ん中に城跡なんてあるのだろう

か？　地図を見ながら不安に思いかけたその時、不意に目の前に広々とした公園が現れた。実に不思議な感じだ。

この街中《まちなか》にある城跡の存在は、遠藤周作さんの『埋もれた古城』という本によって知るようになった。

東京の中でも屈指の伝統的住宅街である世田谷に、城があったなんて。遠藤周作さんの本を初めて読んだ時、私はまず純粋に驚いた。この城跡は、赤穂浪士で有名な吉良上野介《きらこうずけのすけ》とも血縁のある世田谷吉良氏が治めていた居城だそうで、豊臣秀吉の小田原城攻めで廃城となるまで存していたそうだから、比較的最近まで機能していた城ということになる。

今でも空堀や土塁など城の遺構が残されていて、中世の城郭構造を知るうえでの貴重な史跡であると言う。

自然の小山を丸々利用した城跡は、今では散歩道として整備され市民の憩いの場となっている。私は山頂に据えられたベンチに腰を降ろし、遠藤周作さんの『埋もれた古城』の文庫本を取り出して読んでみた。時折吹きぬけていく風が心地よい。

実際に書かれたその場所で読む文章というのは、臨場感があってまた感慨ひとしおなものだ。それに、今私がいるこの山頂を、遠藤周作さんも訪れて散策されただろうと思うと、さらにしみじみと感動が湧き起こる。

それほど長くない文章なので、私は一気に世田谷城の部分を読み終えてしまった。

東急世田谷線

吉田松陰の墓

井伊直弼の墓

豪徳寺の招き猫

道草はここまでにして、いよいよ豪徳寺に向かう。と言っても、世田谷城址公園から豪徳寺までは、ほんの5分の距離である。

松陰神社から来た道をそのまままさらに西に歩き続ければ、豪徳寺の山門から続く参道と交差する。彦根の埋木舎《うもれぎのや》から歩き始めた私の直弼を訪ねる旅も、ついに墓所のある豪徳寺まで来てしまった。

文字通り埋木舎で埋もれて朽ちていったかもしれない一人の男が、歴史の表舞台に躍り出ていった。それも、誰もが尻込みするような史上例を見ない未曾有の難局での登場である。その時の直弼の置かれた立場や状況を考えると、私たちの日常の悩みなんて小さなものに思えてしまう。まさに直弼は、命をかけて日本という国の方向性を定めたのだ。

文字通り、内憂外患だった。

徳川斉昭《なりあき》を中心とする攘夷派との泥沼の格闘を繰り展げながら、一方でアメリカをはじめとする諸外国からの圧力に耐え続けた。水戸藩だ徳川幕府だ天皇だといった狭い料簡での争いではなく、一歩間違えば日本国そのものがなくなる危機に直面していた。

日米修好通商条約締結と将軍継嗣《けいし》問題という二つの政治課題を突き付けられ非常に難しかった舵取りを、直弼は大老となってわずか2ヶ月という短期間のうちに解決に導いていった。

あの直弼が、ここに眠っている。自然と緊張感が全身を包み込む。

これまでにも、江戸における広大な屋敷跡を見てきて井伊家の強大な権力を目の当たりにしてきたが、豪徳寺も、井伊家の家格と威光に相応しい規模と格式とを備えた寺である。

山門から正面に見える建物が仏殿で、延宝5年（1677年）の建立というから、当時のままの建物である。直弼も見たに違いないものだ。左手には白木の三重塔があり、仏殿の後ろには後世の建造物だが本殿が建立されている。広大な寺域を持つ堂々たる伽藍だ。

直弼の墓のことは後で書くとして、豪徳寺と言えばもう一つ、どうしても書いておかなければならないのが招き猫のことである。井伊家は猫と縁が深い。平成19年（2007年）に彦根で築城400年の記念イベントが催されたが、このイベントを盛り上げたのが、ひこにゃんと呼ばれている猫のキャラクターである。

2本の黄色い大きな角を付け赤い兜をかぶった白い猫のキャラクターは愛らしく、ひこにゃんの名前と顔は全国的にも有名になった。ひこにゃんの成功にヒントを得て、全国のイベントでいろいろなキャラクターが誕生したが、本家を上回るキャラクターは未だに現れていない。

このひこにゃん、豪徳寺に伝わる招き猫の言い伝えと関係している。

時は2代藩主の直孝《なおたか》の時代、鷹狩りでこの寺の近くを通りかかった直孝が夕立に見舞われた際、お寺の門前で手招きをする猫を見つけて近づいて行った。その直後に、もと直孝がいた場所に落雷があった。猫の手招きがなかったならば、直孝は雷に打たれて落命していたところであった。

命拾いをした直孝は、それまでは世田谷城主であった吉良氏が建立した小さな寺であったものを、豪徳寺と改名したうえで井伊家の菩提寺として再建し、多くの堂宇を寄進して整備を図ったと言う。

以来、豪徳寺と言えば招き猫ということになり、今でも社務所に行くと大小様々な大きさの招き猫が販売されている。右手をちょこんと挙げて大きな瞳で見つめる姿は、実にかわいらしい。

私もご多分にもれず、思わず家へのおみやげにと小さな招き猫を買ってしまった。境内には招き猫を収納するための棚も用意されていて、これだけの招き猫が一堂に会している光景は、それはもう壮観である。

いよいよ私は、直弼の墓所に足を運ぶ時を迎えた。

招き猫などを見て和んでいた心が、一気に引き締まるのを覚えた。井伊家歴代の藩主の墓は、門を入って左手にあたる豪徳寺墓域の中でも、特に奥まった場所に配置されていた。

戒名しか彫られていない同じ形をした墓石が立ち並ぶ中で、直弼の墓はすぐにそれと知れた。直弼の墓の前にだけ、色とりどりの花が供えられていたからだ。

直弼の墓は、井伊家歴代藩主の墓のなかでも一番奥に位置していた。

宗観院殿正四位上前羽林中郎将柳暁覚翁大居士

と書かれた大きな墓石がひっそりと建っている。この重たい墓石の下に、本物の直弼の遺体が埋まっているのだと思ったら、胸が詰まった。

江戸時代はまだ土葬の慣習だったから、荼毘《だび》に付された遺骨ではなく、直弼の遺体がそのままここに眠っているはずだ。

彦根の槻《けやき》御殿、埋木舎、彦根城、それに龍潭寺《りょうたんじ》や清凉寺《せいりょうじ》、江戸の中屋敷や上《かみ》屋敷、それに江戸城本丸御殿…。直弼が足跡を残した様々な場所が、脳裏に浮かんでは消えていった。長野主膳、村山たか女《じょ》、徳川斉昭、そして兄の井伊直亮《なおあき》…。直弼と関わった様々な人の名前が頭の中を駆け巡っていった。

実に大きな人だったと思う。日本の幕末史の中でも特筆すべき偉大な足跡を残した人物だった。前例のない未曾有の事態に臨んで、何が正しくて何が間違いなのかの判断が極めて難しい場面で、人間として苦悩しながらも、結果として欧米列強の侵略の牙から日本を救った直弼の功績は大きかったと思う。

思えば直弼の人生は、苦難の連続の人生だった。

他家への養子縁組の運動で弟に先を越され失意の中で過ごした埋木舎時代。偏屈な兄直亮の執拗な干渉により思うに任せなかった世嗣《せいし》時代。直弼が真の意味で自分の自由意思により生きることができるようになったのは、藩主となった35歳以降のことだった。

しかしそれも束の間、その2年後には突如としてペリーが浦賀に来航し、強い態度で開国と通商を求めてきた。直弼は幕政の一端を担う溜間詰《たまりのまづめ》大名として、徳川斉昭らの主張する攘夷論と戦う日々が始まった。

斉昭との戦いは将軍継嗣問題とも絡み、微妙でかつ複雑な政治情勢の中で、神経を削るような毎日だったことが想像される。その構図は、直弼が大老になってからも、まったく変わらない。

そもそも、大老の職に就いたからと言って、誰もが同じように活躍できるわけではない。むしろ江戸時代の260年に亘って続いた世襲制の弊害から、家格が高くても胆力と明晰な頭脳を兼ね備えた大名は、幕末ともなるとほんの僅かしかいなかった。

生まれながらにしての世嗣ではなく、雑草のようにして育ち、それでも諦めずに自分を磨いてきた直弼だからこそ、国家存亡の危機に際しても大老の重責に耐え得られたのであると思う。

最後は、我が子一橋慶喜《ひとつばしよしのぶ》を将軍の座に就け、自ら天下の実権を握ろうとの野望を持った徳川斉昭という強烈な個性の持ち主とのバトルの様相を呈してしまい、力と力のぶつかり合いの中で晩節を汚すような結果をも招いてしまった。

しかし斉昭とは異なり、直弼には私心というものは存在しなかったと思う。

直弼は純粋に、溜間詰の重責と名誉とを代々付与されている譜代大名の一人として、徳川幕府の秩序を守ることだけを考えていたのだと思う。直弼の発想の中でそれはとりもなおさず、日本という国を欧米列強の侵略から守るということと同義語でもあったのだ。

直弼は志の半ばで倒されてしまった。

外国からの圧力が加速度的に増していく時代の流れの中で、徳川幕府の瓦解は抗うことができない歴史の趨勢《すうせい》の中にあり、私にとっては非常に残念なことではあったが、直弼の歴史的役割はここまでの運命にあったのかもしれないと思わないでもない。

それにしても、あの埋木舎から直弼は、よくぞここまで昇り詰めたものだと思う。

私は時が経つのも忘れて、直弼のことをいつまでも考え続けていた。混雑するほどではないけれど、直弼の墓の前は、ひっきりなしに訪のう人が絶えない。彼らはどんな思いで直弼の墓を詣でているのだろうか?

安政の大獄の加害者と言ってもいい直弼の墓と被害者の一人である松陰の墓は、わずかに歩いて15分ほどの距離にある。私はこの事実に、歴史の皮肉と言うか不思議を感じた。さらに言えば、直弼の遺体も松陰の遺体も、ともに首と胴体とがくっついていない遺体である。

今私は加害者と被害者と書いたが、果たしてこの表現は的確かどうか。歴史という大きな流れの中では、直弼も松陰も、どちらも被害者だったのではないだろうか。歴史とは時に残酷なものだと、やりきれない思いで世田谷の地を後にした。

ちょっと足を伸ばして

豪徳寺からちょっと足を伸ばして、毎年1月15・16日と12月15・16日に世田谷ボロ市が開かれる「ボロ市通り」を歩いてみよう。

世田谷通りから1本奥に入った道には、世田谷代官屋敷として知られる重要文化財大場家住宅が現存している。大場氏は、井伊家領世田谷の代官職を務めた家で、江戸時代中期の母屋と表門等が残されている。隣接して区立郷土資料館もあって、世田谷の歴史を学習することができる。

掃部山公園（桜木町）

横浜で直弼《なおすけ》に逢えるとは、思ってもいなかった。

桜木町に掃部山《かもんやま》公園という公園があることは知っていたけれど、これまで実際に行ってみたことはなかったし、それが井伊掃部頭《かもんのかみ》の「掃部」であることにまでは、考えが結び付かなかった。

JR京浜東北線・桜木町の駅を降りて横浜駅方面に少し戻り、そこから直角に山側に上っていく坂がある。紅葉《もみじ》坂という。有島武郎《たけお》の『或る女』にも登場する趣のある坂道だ。坂の途中、ユースホステルのところを右に曲がってまっすぐに行くと、小山に突き当たる。そこが掃部山公園である。

みなとみらいの高層ビル群が見渡せる眺めのいい高台に、ひっそりと直弼の大きな銅像が立っていた。衣冠束帯《いかんそくたい》姿の厳めしい表情をした直弼だ。どうしてこんなところに？　予期せぬ人に偶然出くわしたような気持ちで、私は直弼の銅像に問いかけた。

掃部山公園のある一帯は、明治5年（1872年）に新橋―横浜間で開通した日本で最初の鉄道を建設した外国人技師たちの官舎があった場所だという。鉄道建設の父と呼ばれているエドモンド・モレルもここに住んでいた。当時としては最先端技術者集団の華やかな暮らしの場だったのかもしれない。今でも山の斜面には、ブラフ積みと呼ばれるモダンな洋風の石積みが残っている。その後明治14年（1881年）に、横浜正金《しょうきん》銀行の松井十三郎ら旧彦根藩士によって一帯の土地が買い取られ井伊家の所有になったところから、掃部山と呼ばれるようになった。

公園の敷地内の一角には横浜能楽堂がある。明治8年（1875年）に東京・根岸の旧加賀藩主前田斉泰《なりやす》邸に建てられ、その後東京・染井の松平頼寿《よりなが》邸に移築されて昭和40年（1965年）まで使用されていた関東最古の舞台を復元したものだ。公演が行われていない日には無料で舞台を見学することができる。どこからか稽古の笛の音や鼓の響きが聞こえてきて文化の匂いがふんぷんと漂う雰囲気がすてきだ。茶道に精通し能楽にも造詣が深かった直弼にいかにも似つかわしい場所のような気がする。

なお直弼には、自ら創作した「筑摩江《つくまえ》」というお能の謡曲がある。『伊勢物語』から想を得て、埋木舎《うもれぎのや》時代に書いた作品だ。多方面に亘って高い能力を発揮した直弼の才能の一端が窺える。滅多に上演されることのないこの直弼の「筑摩江」だが、平成19年（2007年）11月27日にこの横浜能楽堂で160年ぶりに上演された。

掃部山公園にある横浜能楽堂で直弼作の能楽が上演されるなんて、直弼と横浜とは、よくよく深い縁で結ばれているのかもしれない。

掃部山公園に建つ直弼の像は、昭和29年（1954年）に開国100周年を記念して横浜市が制作したものだが、実はこの直弼像は2代目である。初代直弼像は明治42年（1909年）に横浜開港50年を記念して旧彦根藩有志が建立したものだと言う。残念ながら初代の直弼像は、戦時中の金属回収（昭和18年〈1943年〉）により取り壊され、溶解されてしまった。

この初代直弼像を掃部山（当時は戸部の丘と呼ばれていたらしい）に建立するに際しては、当時の世相にはなお直弼を良しとしない者も多数存在していて、建立推進派の旧彦根藩士らと建設反対派との間で抗争があった。恐ろしいことに直弼像の首は、これら反対派の人々によって除幕式の翌日に切り落とされたと言う。

死してなお直弼は、その是非を世に問われていると言うことか。まさに数奇な人生だったと言わざるを得ない。

これらの事実を以って、世に直弼は三度殺されたと言われている。

一回目は、言わずもがなの桜田門外の変である。二回目が、この初代直弼像の首が落とされたこと。そして三回目が戦時中の金属供出。数々の悲劇を乗り越えて今の直弼像があるという事実に、直弼の執念のようなものを感じたのは私だけだろうか？

そんな忌まわしい過去の歴史を超越するかのように、直弼像は屹然《きつぜん》として青い空の下、港に向かって立っている。直弼と向かい合うように、172mと日本一の高さを誇るランドマークタワーが対峙する。さしもの直弼も、これほどの横浜の発展までは予見できなかったに違いない。

今では神奈川県の県庁所在地は横浜であり、一般には神奈川と横浜は同義語のように思われているかもしれないが、江戸時代までは神奈川と横浜は別の街だった。と言うよりも、街だったのは東海道五十三次の三番目の宿場町であった神奈川のみであり、横浜はメインストリートである東海道から外れた寂しい一漁村にすぎなかった。

この横浜に目をつけた人物の一人が、直弼であった。直弼の像が横浜に立つ由縁もここにある。日米修好通商条約において「神奈川」を開港地とすることにしたものの、外国人に神奈川から東海道を通って江戸に攻め込まれるリスクを考慮して、敢えて東海道からは少し外れた場所にある「横浜」を開港地としたというのである。それは反対に、急進的な攘夷派から居留外国人を隔離して守る役割を果たしてもいたのだ。長崎における出島の役割を横浜に期待していた、と言い換えることもできる。

事実、開港時に整備された外国人居留地は運河によって四囲を隔離され、出入口にあたる橋には関門が設けられた。関門の内側が外国人居留地である。今でも地名として残る関内《かんない》は、この時の名残りである。

大阪に近い神戸も、事情はまた同様だった。条約上の開港地は「兵庫」だが、実際の港は「神戸」に作られた。外国人たちから約束が違うではないかと言われないように、明治4年（1871年）の廃藩置県に際して、横浜がある土地を神奈川県、神戸のある土地を兵庫県と称したのだと言う。

横浜村は、すでに安政元年（1854年）3月3日の日米和親条約締結の際に、調印式が行われた場所として歴史に登場している。

この時も、江戸からできるだけ遠い場所をと考えた幕府が鎌倉や浦賀を提案したのに対して、ペリーはもっと江戸に近く、艦船からの砲弾が届く距離に艦隊を整列できること、そして調印場所が相応の広さを保てる場所であることを主張した。その結果、両者の主張を満たせる場所として選定されたのが横浜村だった。

横浜沖は水深が深く、艦隊を陸近くまで寄せて停泊させるのに適した地形であったことが幸いした。

日米修好通商条約締結時のアメリカ総領事ハリスとの開港地を巡る交渉も、熾烈を極めた。九段下にある蕃書調所《ばんしょしらべしょ》で条約案の逐条《ちくじょう》交渉にあたっていた下田奉行の井上清直と目付の岩瀬忠震《ただなり》は、何度も幕府に意向を問い合わせながら、慎重に条約案を固めていった。

安政4年（1857年）12月4日にハリスが示した最初の条約草案第3条には、開港済みの下田、箱館（現函館）の2港に加えて、大阪、長崎、平戸、京都、江都（江戸）、品川、日本の西海岸の2港、九州の石炭産地に近い1港の計11港が記載されていた。この時点ではまだ、神奈川の3文字はない。

その後精力的に交渉を続けた井上と岩瀬は、江戸や京都などの重要な場所を候補地から外すことに腐心するとともに、代替地として「金川《かながわ》横浜」をハリスに提案する。幾度もの紆余曲折を経て、安政5年（1858年）1月20日に完成した条約の最終案文では、箱館（函館）、新潟、神奈川、兵庫、長崎の5港を開港することで決着させている。

6月19日に締結された日米修好通商条約では「神奈川」としか記載されておらず、具体的にどの地を指すかは曖昧なままだった。安政6年（1859年）6月2日と定まった開港日まで1年足らずの期間しかない。

掃部山公園直弼像

直接条約交渉にあたった井上と岩瀬は、当初は横浜開港を提案していたものの、条約で「神奈川」と定めた以上は神奈川宿とすべきだと主張した。それに対して横浜開港を強力に主張したのが、大老となった直弼だった。

直弼は、東海道から外れ、かつ遠浅でない良港と広い後背地を持つ横浜村こそ、開港地に相応しいと考えた。神奈川開港を主張した岩瀬は、直弼の真意に反して勅許なしに条約を締結した罪を問われて公職から追放された。ここに晴れて、横浜開港が定まったのである。

横浜開港は、直弼自身の考えによって成し遂げられた。私は、横浜と直弼とのつながりを非常に重要なものとして位置づけたい。直弼のあの時の決断がなったならば、今の横浜の繁栄はあっただろうか？

平成20年（２００８年）は日米修好通商条約が締結されて１５０年目にあたる年であり、翌平成21年は日米修好通商条約に従って横浜が開港されて１５０年目の年である。

平成20年の彦根では、その前年の彦根城築城４００年の記念イベントに続いて、日米修好通商条約締結１５０周年の記念イベント（井伊直弼と開国１５０年祭）が開催されている。井伊直弼の偉業を讃えるイベントだ。

平成21年の横浜では、開港１５０周年の記念イベントが華々しく開幕した。国際貿易港として目覚ましい発展を続ける横浜市は、人口で大阪市を抜いて東京に次ぐ日本第2位の都市に成長している。その礎を築いたのが、この日米修好通商条約であり、井伊直弼である。

この二つの都市のイベントは、平成20年8月23日と24日に実施された「彦根・横浜友好交流ウィーク」でつながった。

日米修好通商条約の締結なくして横浜開港はなかったわけであり、そういう意味で直弼と横浜とはつながっているということだろう。そういうことが、一般の市民レベルで意識されるようになったことは、好ましいことであると思う。

彦根から始まった直弼を訪ねる旅は、最後に横浜で終えることにする。井伊直弼という、いろいろな意味で毀誉褒貶《きよほうへん》のある幕末を生きた大名の足跡を追ってきた。私は歴史学者ではないから、私が書いてきたことが歴史の真実であるかどうかはわからない。しかし私が知りうる範囲内で史実に基づき、それに私の想像力を加味して、直弼の生涯に迫ったつもりである。

彦根時代は、直弼とともにたか女《じょ》や主膳との華やかな交友関係に思いを馳せた。江戸時代は、桜田門外の変を中心に彼の政治政策面にスポットライトを当てて考察を試みた。長かった旅の最後にあたって、私なりの直弼像についてを総括することにする。

直弼には世界が見えていた。

世襲制で、生まれながらにして世嗣として育てられた他の大名たちと異なり、直弼は藩主になる予定のない部屋住みの身から雑草のように苦労と努力を積み重ねて藩主の座まで這い上った人物だ。未曾有の事態に直面しても何の見識もなく右往左往する他の大名たちを尻目に、あるいは無見識な攘夷思想に凝り固まっている過激な大名たちとも異なり、直弼は確かな視点で世界を見据えていた。

しかしながら、直弼は極めて開明的な君主であったものの、その発想はあくまでも徳川幕府を中心とした幕藩体制の枠をはみ出すものではなかった。直弼は、幕府の権威を守るために、それを脅かそうとする様々な勢力と身命を賭して戦った。幕府の力を維持し守ることが、すなわち日本を守ることにもつながる。直弼がそのような意識を明確に持っていたかどうかは明らかでないが、結果として直弼が取った行動を私はそのように評価している。

それはけっして、直弼の人間的能力の限界ということではなくて、直弼の置かれた立場としての限界点だったと私は考える。直弼は代々江戸城溜間詰《たまりのまづめ》を世襲し、時には大老として幕府政治の最高責任者になり得る家格を継承した彦根藩35万石の当主であり、その枠組みを取っ払ってゼロから日本を作り直す発想までを直弼に求めるのは、私は違うと思う。

幕末に彗星のごとく現れた幕臣として私が尊敬してやまないのが、勝海舟である。海舟は同じように世界が見えていた。世界の見え方自体は直弼とさほど変わらなかったのではないかと思う。しかし決定的に異なるのは、海舟は清貧を極めた貧乏旗本の出身であり、幕府という枠に捉われる必要が最初からなかった点である。幕府の枠に捉われる必要がなかった分だけ、より自由な発想を確保し得たのだと思う。

海舟の発想の中には、すでに徳川幕府という枠組みはなかった。もちろん、薩長や京都の朝廷という枠組みも存在していない。あるのは「日本国」というただ一つの国の将来のことだけだった。

それにしても、強い意志を持った人だった。その意志は、最後まで変わることがなかった。自分の与えられた役割を最後まで全うした直弼の生き方を、私は潔いと思う。太く短い人生の中に、直弼という人間の良いも悪いもすべてが凝縮された人生だった。

直弼が実行した日米修好通商条約の締結とそれに基づく横浜や神戸等の開港は、後の歴史の流れを眺めてみれば紛れもない正解であり、直弼の判断が正しかったことに疑いの余地はない。

雪の桜田門外に置かれた駕籠《かご》の中で、断末魔の直弼は何を思って死んだのか。

日本の夜明けを目前に控え、そうであるが故に最も暗い夜の闇の中で、束の間の時間を彩った桜花が、音もなく静かに散っていった。

京都篇

金福寺・圓光寺（たか女終焉の地・墓所）

錦秋の京都に行きたいと思った。

京都に行くなら真っ先に行きたいと思っていた場所がある。金福寺《こんぷくじ》と圓光寺《えんこうじ》だ。いつか機会があったら、村山たか女《じょ》が晩年を過ごした金福寺とたか女の墓所のある圓光寺を訪れたいと、ずっと思っていた。

ついに念願が叶う時が来た。新幹線で京都駅に到着した私は、取るものもとりあえず叡山《えいざん》電車の出発地である出町柳《でまちやなぎ》に直行した。折しも紅葉が一番美しい季節である。出町柳の駅も2両編成の小型のワンマン電車も、平日だというのに大勢の観光客でごった返していた。なぜかお年寄りが多い。

私が目指す「一乗寺駅」は、出町柳から3駅目。思ったよりも近い。乗客の大部分が鞍馬《くらま》を目指しているので、一乗寺で降りる乗客は比較的少なかった。それでも、私の希望よりはるかに多くの数の人がこの駅で降りた。

金福寺への道は、線路と垂直に交わる道をまっすぐ山側に向かっていく。途中、宮本武蔵と吉岡一門との決闘の舞台になったと言われている一乗下り松を通る。この下り松を過ぎてまっすぐに進むと、紅葉で有名な詩仙堂がある。金福寺に行くには、細い道を右に折れる。

観光客も、詩仙堂までは足を運ぶものの、金福寺を訪れる人は少ない。さらに細くなっていく道をもう一度右に曲がると、やがて左手前方に金福寺の小さな門が見えてくる。周囲は閑静な住宅街だ。こんなところにお寺があるのかと途中訝しく思えてしまうほど、寺は周囲に溶け込むようにひっそりと建てられていた。

10段ほどの石段を上ったところに先程見た門があり、門の左手に大振りな楓《かえで》の木が赤く色づいていた。まるで私のことを手招きしているように、楓の木の赤い色が私の眼を射た。京都に着いて最初に目にした紅葉に、私はしばしの間、足を止めて見入った。

その楓の木の傍らに、「村山たか女創建の弁天堂」という小さな建物があった。いきなりたか女の足跡に接することができて、心が熱くなった。お堂の傍らの説明書きには、

此の弁天堂は、舟橋聖一作花の生涯のヒロイン、村山たか女（妙壽尼）が慶応三年に創建したものです。

たか女は文化六年（一八〇九年）己巳（きみ）の年に生まれました。巳（白い蛇）は、弁天様の御

使ひとされて居るので、たか女は、弁天さんを深く信仰して居たものと思われます。井伊大老が、櫻田門外で遭難してより二年後の文久二年たか女は、金福寺に入り、尼僧として行いすまし、明治九年九月三十日当寺に於いて、六十七才の生涯を閉じたのでした。

法名、清光素省禅尼

とある。いかにもたか女らしい慎ましやかな弁天堂だ。「辯財天女」と書かれた剥げかけた額が、たか女が生きていた時代との時の隔たりを感じさせる。ふと、大洞《おおほら》の弁財天像のふくよかなお姿を思い出した。たしかに、たか女には弁天さまがよく似合う。

一番の盛期をほんの少し過ぎてしまっていたが、庭のそこここに配された紅葉が枯山水の庭に鮮やかなアクセントを加えている。白砂に映える赤い色、緑の木々とのコントラスト、苔の上に落ちた楓の鮮烈さ。すべてが庭という小さな世界の中に、計算され尽くして配置されている。たか女もこの紅葉を見たであろうと思うと、心が救われる思いがした。

それほど大きくない本堂と小さな枯山水の庭と裏山とからなる寺の規模も、いかにもたか女が余生を過ごした場所として相応しいと思った。すべてを失い無となった彼女が人生の最後の時間を過ごした場所が、このささやかな空間だった。

本堂には、たか女に所縁《ゆかり》のある遺品の品々が展示されていた。直弼の書や主膳の肖像画なども興味を引いたが、中でも私が一番心惹かれたのは、長野主膳に宛てたたか女直筆の密書である。あまりの流麗な筆であることに、驚いた。一方、楷書で書かれた弁天堂の棟札《むねふだ》は実に端正な筆づかいで書かれている。三味線や和歌の道にも通じ、直弼や主膳と思想を共にしたたか女の教養の高さが窺える一品である。

これまでは、たか女が生まれた家の跡であったり、たか女が訪れたであろう神社仏閣であったりで、私にとってたか女は、間接的にしか感じられない存在だった。金福寺を訪れてたか女が実際に手にした物に初めて接することができて、胸が詰まった。

直弼も主膳も忽然として世を去った後、たか女は何を心のよすがとして自らの余生を生きたのか？　我が眼前にある彼女の遺品が、答えを語ってくれているような気がする。14年間の歳月は、けっして短い年月《としつき》ではない。私はこの金福寺でのたか女の生活に、涙する思いで心を馳せた。

金福寺は、村山たか女が亡くなるまでの時を過ごした寺としてよりは、むしろ与謝蕪村の墓のある寺として有名である。松尾芭蕉とも関係が深かった縁があり、

うき我をさびしがらせよ閑古鳥

の句を芭蕉もこの寺で詠んでいる。古くから文人に愛された土地柄だった。たしかに京の街の中心部からやや離れ、静寂に支配された山の佇まいは、文人たちの心に安らぎを与えたに違いない。

世の喧騒から隔絶されていながら、鄙《ひな》ではない。そんな絶妙のバランスに裏打ちされた洗練された雰囲気を感じさせるところが、金福寺の魅力ではないかと考える。同じような雰囲気は、光

金福寺弁天堂

金福寺・たか女の遺品

金福寺本堂と楓

圓光寺山門

圓光寺庭園

圓光寺・たか女の墓

悦寺あたりでも感じられる。いわゆる芸術家が集まりやすい環境なのかもしれない。

京都の北山を一望のもとに見渡せる裏山に昇ると、蕪村の墓をはじめとして数々の文人たちの墓や碑があり、また芭蕉庵なる趣深い小屋《しょうおく》が建立されている。たか女もこの庵の傍らに佇んで、京の街を遠望したかもしれない。


金福寺を後にした私は、詩仙堂を経て、圓光寺に向かった。

圓光寺は、徳川家康が開基の寺だけあって、金福寺よりよほど大きな寺域を有している。庭園の規模も本堂の規模も、金福寺をはるかに凌駕している。

最初たか女は、徳川家に所縁のあるこの圓光寺に身を寄せた。その後、縁あって近隣にある金福寺に住むようになったものの、亡くなられた後は元々の縁があったこの圓光寺に葬られたものと考える。

これは単なる私の思いだが、たか女の墓であるのなら、徳川家の後ろ盾を有し立派な伽藍を配する圓光寺よりも、慎ましやかな佇まいの金福寺の方が、より似つかわしいように思われた。

たか女の墓のことは後に書くとして、まずは本堂の廊下に腰を降ろして、大規模な庭園を眺めることにする。

残念ながら、紅葉の美しさでは、金福寺も圓光寺も先に見てきた詩仙堂に及ばない。観光客の数がその差を如実に物語っている。鮮やかな紅色の楓がふんだんに散りばめられた詩仙堂の庭園は、紅葉を愛でる庭としては高度に洗練されている庭だ。丸く刈り込まれた手前の緑の植え込みとその向こう側の楓の赤とが見事に調和し、絶妙とも言える風景を作り上げている。

圓光寺の庭園は、すでに紅葉がピークを過ぎていたこともあり、そこまでの洗練された美しさはなかったが、自然を模した楓の疎林の中に石や灯籠《とうろう》や苔を巧みに配してそれなりの雰囲気を作っている。

あるいはもう少し楓が鮮やかに色づいていればまた印象も変わったのかもしれないが、やや残念な思いを抱きながら、庭園をしばし歩いた後、寺域の裏側にあるたか女の墓に向かった。

たか女の墓は、表示がなされているのですぐにそれと知れた。

何の変哲もない3段に石が組まれた普通の墓だ。裏側には何も刻まれておらず、表に「清光素省禅尼」と法名のみが彫られている。直弼の墓に供花が絶えなかったことや、主膳の墓の大きかったことと比べたら、花もなく何と質素なことか。そう思うと、涙がこぼれそうになった。

数奇な人生を生きた一人の女性。それは、運命と歴史の渦とに翻弄された波乱に満ちた人生だった。むしろそれだからこそ、今は誰に邪魔されることもなく、ひっそりと眠っていてほしいと思った。

私以外にも、数は多くはないけれど、たか女の墓を訪れる人は後を絶たなかった。彼女のファンは、案外と多いのかもしれない。たか女の生涯を追って、多賀大社から高源寺を経てついに京都まで来てしまった。秋の彩り豊かな景色のなかで、私は不思議な思いでたか女の墓を見つめ続けていた。

第二部　黒船物語

―幕末外交史の舞台を巡る―

浦賀（ペリー来航地）

浦賀と言えば、黒船である。

1853年（嘉永6年）6月3日、突如浦賀沖に現れた4艘の黒船を目の当たりにして、日本中が色めきたった。日本が外国の脅威に晒されるという衝撃と戦慄は、鎌倉時代の元寇以来と言ってていいかもしれない。いや、遠く鎌倉から離れた九州での出来事であった元寇と比較して、江戸の喉元にいきなり刃を突き付けられた格好の黒船来航の方が、数段深刻な事態であったことは間違いない。

その黒船が現れた浦賀に、実は私は行ったことがなかった。

横浜から随分遠くに行くようなイメージで京浜急行線の各駅停車に乗ったが、浦賀は意外に近かった。こんなに近いのだったらもっと早くに来ていればよかった。優柔不断だった自分を後悔した。電車は海のすぐ近くを走っているはずなのに水辺は見えない。いつになったら海が見えてくるのだろうと思っている間に終点の浦賀に着いてしまった。

駅を降りると目の前で道が二手に分かれていた。そして2本の道を隔てている川のように細長い水路が海であることを、私は駅前の案内板で知った。いわゆる浦賀港である。

浦賀は、私のような黒船目当てで訪れる人はむしろ稀で、三浦半島の突端にある観音埼を目指すハイカーたちの出発拠点として知られている。駅前のバス停には観音埼行きのバスが停まっていて、ハイキング姿の人たちが列をなして乗り込んでいるところだった。

左右どちらに行こうかとしばらく思案した後、私は道を左に取った。何があるというわけでもない駅前の道を進んでいくと、右側に工場のような倉庫のような大きな建物が見えてくる。浦賀ドックの建物だ。

浦賀ドックは、嘉永6年（1853年）に幕府により開設された歴史のある造船所の後身である。黒船来航と同じ年に開設されたことになるから、幕府の対応のなんと素早かったことかと驚かされる。この造船所で日本で最初の洋式軍艦である鳳凰《ほうおう》丸が建造されている。深く切り込まれた地形が、造船所の立地として適していたものと考える。

かなり長い間浦賀ドックの塀に沿った道を進んで行く。ドックの向こう側には海が拡がっているはずなのだが、高い塀が障害物となって海への眺望が展《ひら》けない。やっと浦賀ドックの敷地を過ぎたところで海側へと道を右折する。

海に通ずる細い道には、古い木造の二階家や大谷石《おおやいし》の蔵が残されていて、何十年も昔に時代を遡ったような錯覚を覚える。江戸時代には干鰯《ほしか》問屋が30軒も立ち並んでいた地域だったそうだ。浦賀という街は、今よりも江戸時代の方がずっと栄えていた土地だった。

小道が海に突き当たるところに、「浦賀の渡し」と書かれた木の看板と海鼠《なまこ》塀の白い小さな建物があった。鉄道で言えば駅舎なのだが、渡し船の場合は何と言うのだろうか？

この渡しについては後に触れるとして、さらに小道を進んで行くことにする。目指すは、浦賀奉行所与力中島三郎助《さぶろうすけ》の墓のある東林寺だが、その前に少し寄り道をして昼ごはんを食べることにする。

昼食をと言っても浦賀は観光地でもない普通の街だ。駅から浦賀の渡しまでの間に目ぼしい食事処は見当たらなかった。益々閑散としていく町並みを眺めながら、今日の昼食をほとんど諦めかけていた時、赤と白と緑の国旗が私の目に飛び込んできた。

こんなところにイタリアンの店があることが不思議だった。しかしよく周囲を眺めてみると、海に面して小さなヨットハーバーがあって、レストランはヨットやウィンドサーフィンが浮かぶ浦賀港を眺める位置に建てられていた。

小さな町のイタリアンレストランで、海を眺めながら店自慢のワインを飲んで過ごす昼のひとときも悪くない。お腹も一杯になり、ちょっとリッチな気分で浦賀の街の探索を再開することにする。

江戸時代の浦賀は、江戸に出入りする船の荷を改める海の関所の役割を果たしていた。享保5年（1720年）に浦賀奉行所が設置され、奉行所による船番所が置かれていた。それは黒船が来航する130年余りも以前のことだった。

浦賀奉行所は、陸で言うところの箱根の関所と思えばいいだろう。まさかその浦賀奉行所が、幕末の黒船来航の際に脚光を浴びることになろうとは、設置を決めた幕府のお偉いさんたちも予想だにしていなかったに違いない。そして浦賀奉行所の役人として真っ先に黒船への対応にあたったのが、中島三郎助だったと記録されている。

「I can speak Dutch.（オランダ語なら話せるぞ）」

英語でそう叫びながら黒船に近づいて行った3隻の小舟があった。浦賀奉行所の役人たちである。突然現れた黒船に対処するために、急遽派遣されたものだ。そのうちの中島三郎助と通訳の堀達之助だけが、旗艦であるサスケハナ号への乗船を許された。

日本人として初めて黒船に乗り込んだ中島三郎助と堀達之助は、艦長室に迎え入れられた。初めて目にする異国船の内部の光景を、二人はどのような思いで眺めたことだろうか。極度の緊張感と強い使命感、それに大いなる好奇心が混ざった複雑な気持ちで、彼らは船内を見回したかもしれない。

交渉に出てきたのは、副官のコンティ大尉と通訳のポートマンだった。ポートマンと堀は、オランダ語で言葉を交わした。

コンティ大尉は、フィルモア大統領から日本国皇帝（将軍）に宛てた国書を手渡したいので、然るべき正式な代表者を派遣するようにと三郎助に迫った。中島は、予め定められていた幕府の回答方針に従い、交渉事は長崎でのみ行う国法となっているから、長崎に行くようにとのお決まりの回答を行った。

黒船はある日突然に現れたように思われているかもしれないが、実際には、この日が来ることを幕府はある程度予測していた。長崎の出島に来航するオランダ人から、正確な世界情勢に関する情報が定期的に幕府にはもたらされていたからだ。したがって、中島が行った回答は、事前に幕府と浦賀奉行所との間で打ち合わせてあった通りの回答であったと考えて間違いない。

しかし一方のペリーたちも、幕府がこのように答えることを十分に予想していた。コンティ大尉は中島の主張を拒み、強硬に当地での国書受理を迫った。

いきなり息詰まる外交交渉となった。

中島は、アメリカ側の主張を一旦聞き、自分には権限がないので、明日権限がある者から改めて回答させるということにしてサスケハナ号を後にしている。

その後、ここで国書を受領しないなら武力を行使してでも上陸して江戸に赴き国書を渡すと威嚇され、さらに浦賀近辺から羽田沖まで測量船を繰り出すなどの示威行為を繰り返された幕府は、ついに国書の受理を決断する。嘉永6年(1853年)6月6日のことだった。

交渉の主導権は、完全にアメリカ側に握られていた。外国同士の激しい覇権争いを数多《あまた》経験している百戦錬磨のアメリカと、260年間に亘って泰平の眠りを貪ってきた日本とでは、大人と赤子くらいの実力差があった。


浦賀港を見渡せる小高い丘に東林寺がある。丘陵地を利用した境内はけっして広くはないが、よく整備された木々が整然と配置され、門前にある蘇鉄の木が異国情緒を醸し出す。訪れる人も稀な、静かな寺だ。

中島三郎助は、ここに眠っている。「黒船に最初に乗り込んだ男」という説明板に書かれたキャッチフレーズが、いかにもカッコいい。

中島三郎助は、文政4年（1821年）1月に、浦賀奉行所与力の中島清司の次男として生まれた。14歳の時に浦賀奉行所の与力見習勤として出仕し、父の後を継いで与力になっている。武道はもちろんのこと、俳句の道にも長けた風流人で、人々からの尊敬を集めていた人物だったという。言わば、浦賀の有名人であった。

颯爽と黒船に乗り込んだ時には32歳、まさに男として脂の乗り切った頃のことだった。物怖じすることがなく、何事にも好奇心が強くて詮索好き、ややもすると粗野で出しゃばりな性格だったようである。ペリーらからは散々な酷評を得ている（『ペルリ提督日本遠征記』）が、彼の積極性こそが、黒船乗船第1号の栄誉を後押ししたに違いない。

一介の奉行所役人にすぎなかった男が、一躍歴史の表舞台に躍り出た瞬間だった。

三郎助は、しかも生粋の幕臣の心を堅持した真のサムライだった。彼は後に新政府に抵抗して、長男恒太郎、次男英次郎の二人の息子とともに明治2年（1869年）に函館で死んだ。49年の波乱に満ちた人生だった。

自らの命だけでなく二人の息子までも犠牲とした中島の魂は、函館の市民にも強い感銘を与えた。今に残る函館市中島町という地名は、三郎助に因んで命名された地名であるという。

残された写真に写る三郎助の顔は、精悍な武士の顔そのものだ。幕末から明治維新にかけての歴史には、三郎助のようなキラリと光るサムライがそこここに出現した。

東林寺からさらに海沿いの道に歩を進めると、東叶《ひがしかのう》神社の鳥居が見えてくる。この神社は、養和元年（1181年）に高雄神護寺《じんごじ》の文覚《もんがく》和尚が源氏の再興を祈念して石清水《いわしみず》八幡宮の霊を迎えたことに始まると伝えられている。鎌倉幕府樹立の11年前だ。大願が叶ったことから、叶神社と呼ばれるようになった。叶神社は、浦賀港を挟んで西と東にそれぞれ建立されている。今私がいる方が、東叶神社だ。

私がここを訪れた理由は、この神社にまつわる勝海舟の逸話を目にしたからだった。勝海舟に目がない私としては、勝さんが関わったと知ったからには訪れないわけにはいかなかった。

それは万延元年（1860年）1月に勝海舟が咸臨丸に乗って太平洋横断に出航した時の事跡であった。実はこの浦賀が、咸臨丸出航の地である。咸臨丸はこの浦賀から出航して、数多の艱難《かんなん》の末に日本人水夫の力だけで太平洋横断を果たした。後に訪れる反対岸の愛宕《あたご》山公園には、「咸臨丸出航の碑」がある。

言い伝えによると勝海舟は、航海の無事を祈願して、社内の井戸で水垢離《みずごり》をとった後、神社の裏手に連なる明神山の山頂にある奥宮の脇で、座禅を組み断食修業を行ったという。その場所には「勝海舟断食之跡」と書かれた標柱が建てられている。時は旧暦1月のことだったから、さぞかしや厳しい寒さの中での修行であったことと思う。現代の海外旅行と違って、生きて帰れる保証などどこにもなく、まさに命を懸けて幾多の波頭を越えて行こうとしている時である。航海にかける海舟の必死な思いがひしひしと伝わってくる。

蘭学を修め近代的思想の持主であった海舟が、古風とも思える水垢離や断食で航海の無事を祈念している。正確な判断力と胆力とを持ち、ややもするとクールな印象を持たれがちな海舟の、意外と人間的な一面を垣間見たようでおもしろい事跡であると思う。あるいはもしかしたら、乗組員の航海への恐怖心を和らげ士気を鼓舞するための、彼一流の計算とパフォーマンスの一面もあったのかもしれないが…。

それにしても今は真反対の夏の季節で、険しい階段を上りきっただけで汗が噴き出してくる。加えて、強烈な威力を持つ蚊に刺されて悩まされた。少し立ち止まっているだけで無数の蚊に取り囲まれる。浦賀の蚊には特別な力があるようで、刺された跡が固く凝縮し、後々まで消えなかった。寒さもつらいが、海舟さんも夏の季節でなくてよかったかもしれない。

引き返して、先程の浦賀の渡しに戻る。

ここの渡しはおもしろい。船は1艘しかなくて、出航時間が決まっているわけでもない。乗客が小桟橋に来た時にこちら側に船がいれば乗ればいいし、向こう岸にいる場合にはブザーを押して来てもらう仕組みになっている。

この渡しは、海の上にもかかわらず、横須賀市道２０７３号という市道に指定されている。海の上に市道があるなんて、発想がお洒落で楽しい。向こう岸からブザーで呼び戻された「愛宕丸」と命名されている渡し船は、平成10年（１９９８年）８月の就航だ。黒とオレンジの船体に2層の屋根付きの御座舟《ござふね》風で、古風でもありモダンでもあるが、何とも言われない野暮ったさに満ちている。

短い時間ではあるが、水面とほぼ同じ目線で海風に当たりながら見る浦賀の街も、悪くない。こうして見ると、浦賀ドックの建物がそこここに点在しているのがよくわかる。浦賀は今では、

浦賀湾を望む

浦賀の渡し

咸臨丸出航の碑

大谷石の蔵

黒船に最初に乗り込んだ男
中島三郎助
浦賀奉行所与力・中島三郎助は、浦賀を代表する人物で、嘉永六年（一八五三）ペリー来航の際、最初に黒船(使節団)との、折衝にあたるなど敏腕をみせ、翌年、日本最初の洋式軍艦・鳳凰丸を建造しました。
三郎助は、文武に優れ、「大泉帰本塚」の碑文を書き、俳号は「木鶏」と称し、人々から敬慕されていました。
明治維新では、幕臣としての意志を貫き、函館の千代ヶ岡台場で二人の息子と共に戦死しました。
享年四十九歳。父子の墓は東林寺。
函館中島町に「中島三郎助父子最後の地」の碑があります。
浦賀行政センター市民協働事業・浦賀探訪くらぶ
英次郎（次男）
中島三郎助
恒太郎（長男）

中島三郎助墓の解説板

ドックを中心とした街であるようだ。

ほんの数分で向こう岸に到着する。

こちら側にも大谷石で造られたどっしりとした蔵がいくつか残っていた。同じく江戸時代には干鰯の商いで賑わった地域であったようだ。ここから急勾配の坂道を昇って愛宕山公園に至る。東叶神社と言い愛宕山公園と言い、今日はよく坂を上る一日だ。と言うよりも、浦賀の街全体が山から海に落ち込んでいくような地形で、平地の面積が少ない。この後に行く久里浜と比較してみると、地形の違いがよくわかる。

この公園を訪れたのは、「咸臨丸出港の碑」と「中島三郎助招魂碑」を見るためだったのだがそれよりも、山頂から見た浦賀沖の景色に目を奪われた。狭い浦賀水道から外洋に出たところ、今私が目にしている海域こそが、4艘の黒船が停泊していたと思われる海である。

ペリーは、サスケハナ(Susquehanna)号とミシシッピー(Mississippi)号の2隻の蒸気船と、プリマス(Plymouth)号とサラトガ(Saratoga)号の2隻の帆船を従えてこの浦賀沖に陣取り、日本を威嚇し続けた。私は今までずっと、4隻共に蒸気船だと思っていたのだが、実際に蒸気船だったのは2隻だけであったということを初めて知った。

煙を吐いているかいないかはともかくとして、こんなところに真っ黒な船体をした見慣れぬ無気味な船が4艘も停泊していたら、もうそれだけで十分に大きな衝撃であったことだろうと思う。高いところから眺め降ろしてみて改めて、浦賀における黒船の意味を理解した。

写真のなかった時代だったにも拘わらず、黒船を描いた絵が数多く残されている。それも、かなり詳細でかつ美しい絵ばかりだ。貴重な海防資料として、遠く異国から来訪した蒸気船を正確に記録に残しておこうと、幕府や大名たちが争ってお抱え絵師を浦賀に派遣した結果だ。

色めきたったのは武士たちだけではない。一般の庶民も、珍しいもの見たさで浦賀近辺に殺到した。恐怖心も大きかったから当時はもっと緊迫した雰囲気だっただろうが、今風に言えば、大型旅客船が横浜の大桟橋に寄港したのに少し似た感覚もあったかもしれない。一日黒船を見ようという野次馬たちで、浦賀の街は時ならぬ異常な賑わいを見せたことだろう。

好奇心旺盛で怖いもの知らずの者たちは、陸から遠巻きに黒船を眺めているだけでは飽き足らず、小船で浦賀港に繰り出した。黒船が停泊しているにも拘わらず、浦賀港を行き交う船が絶えなかったという。

今に残る旗艦のサスケハナ号の絵には、船腹の中央に大きな外輪と高くどっしりとした煙突を備え付けており、大きな3本マストの一番後ろには、星条旗がはためいている。真っ赤な吃水《きっすい》線と船体の黒色とのコントラストが鮮やかだ。

サスケハナ号は1850年の建造であるから、まさにペリーは建造後間もない最新鋭の軍艦で日本にやってきたことになる。

その黒船来航からわずか7年後の万延元年（1860年）1月13日、日米修好通商条約の批准のために品川を出港した咸臨丸は、16日夕刻にこの浦賀港に入ったという。出航までの3日間に先程の東叶神社の裏山で勝海舟が断食修業を行った。そして1月19日午後3時30分、ついに咸臨丸は太平洋へと漕ぎ出したのである。そんな咸臨丸の出港地として、浦賀港を見降ろせる愛宕山公園に記念碑が建てられている。

「咸臨丸出航の碑」には、咸臨丸の乗組員95名の名が刻まれている。彼らはこの後、39日間の苦難の末に、サンフランシスコ港に辿り着いた。遠くサンフランシスコには、この出航の碑と向き合うようにして、「咸臨丸入港の碑」が建てられているという。

愛宕山公園にはこの他に、榎本武揚《えのもとたけあき》の篆額《てんがく》（題辞）になる「中島三郎助招魂碑」と「与謝野鉄幹、晶子夫妻の歌碑」が建てられている。

黒船を怖れし世などなきごとし
浦賀に見るはすべて黒船　　寛

春寒し造船所こそ悲しけれ
浦賀の町に黒き鞘懸く　　晶子

与謝野鉄幹はこの歌を詠んだ月（昭和10年〈1935年〉3月）の26日に肺炎で亡くなっているから、鉄幹最晩年の歌ということになる。

鉄幹の歌にもあるごとく、まるで黒船騒動があったことなど知る由もないくらいに、木々の間から眺める浦賀沖の海はどこまでも青く、美しかった。

浦賀は、いわゆる観光地ではない。かつては栄えていた街であったが、今は往時の面影を残しながらもひっそりと佇む街である。小ぢんまりした中に歴史が散りばめられ凝縮されたような街で、好ましい印象を受けた。月並みだが、来て見てよかったと思った。仄かな感動を胸に覚えながら、バスで久里浜に向かった。

久里浜（ペリー上陸地）

黒船が来航した浦賀はとても有名だが、ペリーが最初に日本の国土を踏んだのは浦賀ではなくお隣の久里浜の海岸であったことは、あまり知られていない。かく言う私も、久里浜を訪れるまでは知らなかった。と言うよりも、浦賀と久里浜の位置関係さえわからなかった。

久里浜の地図を見ると、海岸沿いにペリー公園という公園がある。浦賀から久里浜駅行きのバスに乗った私は、ペリーの上陸地だというそのペリー公園に行ってみることにした。

久里浜は、浦賀と比べてかなり大きな街だ。江戸時代まで街の規模は反対だったのかもしれないが、今では比べようもない。小ぢんまりとした心地よい大きさの街から、急に都会に出てきたような戸惑いさえ感じる。駅前に小さなスーパーしかなかった浦賀と違って、久里浜の駅舎には小規模ながらもショッピングセンターがあり、大勢の人が出入りしていた。

地図で見るとそれほど遠くないように思えたのだが、久里浜駅からペリー公園までは歩いてみると結構な距離があった。ただし道に迷うことはない。駅前の道をまっすぐに歩いて行けば海とぶつかるはずだ。そこを左に行けば、開国橋といういかにも黒船の街に相応しい名前の橋が平作《ひらさく》川に架かっており、右に行くとペリー公園がある。

駅を降りるとすぐに海だった浦賀と異なり、久里浜には広大な平地が拡がっていた。久里浜の街は、この平野部に開けていったのだ。

予想よりもかなりの時間を費やして、海にぶつかった。右に200mでペリー公園、600mでフェリーのりば、との標識が出ている。右にやや傾きかけた標識が、背景となる鉛色の海と重なって物悲しく映る。久里浜という地名が表わすように、海岸線は緩やかな弧を描く砂浜になっているが、今はもう海水浴の季節を過ぎてしまっているので人影もまばらで、ただにうら寂しい。

嘉永6年（1853年）6月9日の海の色は、どんな色をしていたのか。ペリー艦隊はこの沖合に4艘の黒船を並べ、艀《はしけ》を使って初めて日本の地を踏んだ。ペリー公園内に建てられている横須賀市のペリー記念館には、この時の様子が描かれた絵が展示されている。砂浜に真一文字に整列した幕府の役人たち。そこここに旗ざしものが立てられ、まるで戦国時代の合戦絵を見ているような感じだ。

長らく閉ざされていた日本の鎖国の扉が、ペリー艦隊によって荒々しくこじ開けられた瞬間である。その時にここ久里浜に居合わせた幕府の役人たちの鼓動の音が伝わってくるような気がする。相容れない東洋と西洋の空気が突如としてぶつかり合う、さぞかし緊迫した場面であったことだろうと思う。彼らの心理を表現すれば、さしあたり7割の恐怖心と3割の好奇心と言ったところか。

あの中島三郎助《さぶろうすけ》も、この砂浜にいた。

三郎助は、日本人で初めて、颯爽と黒船に乗り込んだまではよかったが、私には権限がないと苦し紛れに真実を告白してしまったものだから、その後のペリーとの交渉には参画することができなかった。ペリーとの交渉は、その後は専ら三郎助の同僚の与力である香山栄左衛門に譲らざるを得なかったのである。

ペリー初上陸の日、三郎助は彼らを迎える先導の役目を務めるために、小舟に乗ってサスケハナ号まで行っている。三郎助にとっては、数日ぶりにペリー一行の前に登場する機会が与えられたことになる。張り切る様子が目に浮かぶ。

暫しの後、三郎助らの小舟に導かれるようにして、300人のアメリカ兵が15隻ほどのボートに分乗して粛々と久里浜に向かった。

久里浜に設けられた会場にて、三郎助の上司に当たる浦賀奉行の戸田伊豆守氏栄《いずのかみうじよし》と井戸石見守《いわみのかみ》弘道を応接役として、大統領の親書は滞りなく幕府側に手渡された。この瞬間から、日本の開国への歩みが始まったのだ。日本の近代化の出発点が、ここ久里浜だったと言っても過言ではない。

なぜ浦賀ではなく久里浜だったのか?

私は浦賀と久里浜を同時に訪れ、その理由が何となく理解できたように思った。浦賀に行くには、両側を山に挟まれた狭い海路を港の奥深くまで入り込んで行かなければならない。両サイドから砲撃を受ければペリーたちは極めて困難な状況に追い込まれてしまうこと必至である。そのような危険をペリーが肯《うべな》うわけがない。

それに浦賀には、大勢の役人が待ち受けることができる平地を確保することが難しかったので

久里浜港

ペリー上陸記念碑

ペリー記念館のペリー胸像

はないだろうか。

それに引き替え久里浜は緩やかな海岸線が続き、背後に広大な平地がある。黒船の安全も確保されることから、上陸地には久里浜の方が適していたということなのだろうと私は考えた。

この時の上陸を記念して作られたペリー公園の敷地内には、「北米合衆国水師提督伯理上陸紀《ママ》念碑」と書かれた大きな記念碑が建てられている。伊藤博文の揮ごうになるものだそうだ。3層におよぶ堅牢な台座を築き、その上に一枚岩を打ち立てた巨石に白い文字で彫られた博文の字が躍っている。実に立派な記念碑だ。

そしてペリー記念館の入口には、二人の人物の胸像が飾られている。向かって右側は、言わずもがなのペリー提督の胸像である。そして左側にあるのは、この日の日本側首席を務めた戸田伊豆守の胸像であった。ペリーと比べて非常にマイナーな存在だが、大統領の親書受け取りセレモニーのもう一方の当事者であるのだから、ペリーと並んでいてもおかしくはない。

このペリー公園の敷地内には、黒船を詠んだ有名な川柳である、

泰平のねむりをさますじょうきせん
たった四はいで夜も寝られず

の石碑も建てられている。石碑の説明書きによると、この川柳は時の老中松平下総守《しもうさのかみ》の作とも言われていると書かれていたので驚いた。しかし当時の幕府の支配者の中に、こんな諧謔的ユー

モアを表現できる人物がいたとは私には思えない。

ペリーは幕府に信書を渡した後、回答を得るために再び訪れることを宣して、6月12日に日本を離れた。何の解決にも至っていないが、ひとまず黒船が去ってくれたことで、幕府関係者がほっと安堵のため息を漏らしたであろうことは、想像に難くない。

しかしこれは終わりではなくて、これから日本が体験することになる大いなる苦悩への単なる序章にしか過ぎなかった。前代未聞の出来事に思考停止状態に陥った徳川幕府は、やがて再び来るはずのペリーに対してどのような回答を与えればいいのか、確たる答えを持っていなかった。

順を追って私は、次に黒船が現れた場所を尋ねながら、日本の苦悩について考えてみることにしたい。今回の小旅行のように意外な発見があれば、また楽しいと思う。

関内（日米和親条約〈神奈川条約〉締結地）

横浜の山下公園に程近い広場に不思議な形をした記念碑がある。台座の上に薄ピンク色の石でできた球が乗っている碑だ。よく見ると、「日米和親條約調印の地」と彫られている。傍らに建つ説明板の記述をそのまま引用すると、

安政元年（1854年）2月から3月にかけて、日米代表が横浜村の海岸で会見、和親条約を結んだ。これは、神奈川条約ともいわれ、日本の開国を促し、本市の誕生の遠因ともなった。歴史的舞台となった応接所のあとは、現在の神奈川県庁の付近である。

ということになる。

本市とは言うまでもなく横浜市のことである。

今であれば、日本を代表する国際都市である横浜に外国使節団が来航し、国際会議を開いて重要な条約の調印を行うという行為は何の不思議もないように思われるが、150年前は今とはかなり事情が違っていた。

なぜならば、横浜という町はほとんど存在していなかったからだ。

後の項でも触れることになるが、江戸時代の東海道は今の横浜駅の手前から山側に入り込み、次の保土ヶ谷《ほどがや》宿まで内陸のルートを取っている。もう少し正確に言うと、現在の横浜駅一帯は、江戸時代は袖ヶ浦と呼ばれた内海だった。従って、今は内陸のルートになっているが、当時はすぐ近くに海を見ながら進む海岸沿いの道であったものと考える。

記念碑の案内板に「横浜村」という表記があるように、当時の横浜は宿場町ではなく、神奈川宿と保土ヶ谷宿の間にある戸数わずか100戸ばかりの閑散とした漁村であった。そんなところに突然多数の外国人が上陸してきたのだから、横浜村の住人にとっては青天の霹靂《へきれき》だったことと思うが、そのことは順を追って後にまた触れることにする。

横浜村が条約調印の候補地としてクローズアップされるより前に、徳川幕府はフィルモア大統領の親書を久里浜で受け取った後、その対処に苦慮していた。事前にある程度の情報を得ていて、三浦半島に海岸防備のために諸藩の守備兵を配備してはいたものの、実際に黒船を目の当たりにして強硬に開国要求を突きつけられてみると、幕府は自らの意思のみでは解決策を決定することができなかった。すでにこの時点で徳川幕府は、政権担当能力を喪失していたと言われても仕方のない状態だったのである。

極めて異例のことであったが、老中首座である阿部正弘は諸大名や旗本らに広く意見を求めるお触れを出した。これに応じて大名から250通、幕臣から423通、その他から46通もの意見が寄せられた。

この中には、井伊直弼《なおすけ》が提出した「別段存寄書《べつだんぞんじよりがき》」も含まれていた。8月29日に幕府に提出された「別段存寄書」のなかで直弼は、鎖国の祖法を墨守《ぼくしゅ》するのではなく、開国をして海外に雄飛すべきであると全面的な開国論を展開している。現時点では明らかに武力の点で諸外国に劣っているので、この状態で外国と戦うことの非を説いている。

徳川幕府の政権を担う中枢と言ってもいい溜間《たまりのま》、大広間、大廊下(1)の殿席大名31家の中で、積極的な開国論を唱えたのは、彦根藩、佐倉藩、福岡藩の3藩のみであった。老中を含む帝鑑間《ていかんのま》の大名5家のうちでは、4家が拒絶または戦闘を主張した。

歴史の結果を知っている私たちから見れば、この時期に堂々と開国を主張した井伊直弼の意見は、正鵠《せいこく》を得ていたことを理解できるだろう。

この時に提出された意見書の中でもう一つ、出色の出来栄えであったのが、勝麟太郎《りんたろう》(海舟)の答申書であった。

勝はこの答申書において、広い視野と正確な世界観に立った論理的思考を背景として、世襲制に囚われない優秀な人材の登用、進んだ洋式兵制の採用、優秀な人材を育てるための教練学校の開設などを唱えた。一介の貧しい幕臣にすぎなかった勝が一躍幕府の中で注目される存在となったのは、この答申書に依るところが大であった。

この「黒船物語」におけるここまでの主人公の一人である中島三郎助も、意見書を提出している。それもなぜか2通も。中島は、自ら黒船に乗り込んで生きたアメリカの世界の一部を自分の目で見た稀有な経験の持ち主である。その経験を活かし、軍艦を建造して広く世界を巡って先進諸国の知識を吸収するとともに、羽田沖に台場を築いて海防を強化することを主張した。彼も、当面は諸外国との交易を認めるべしとの開明的意見の持ち主であった。

しかし直弼や勝や三郎助のような開国に前向きな意見を持っている開明的な人間はむしろ少数派で、徳川幕府の情報独占政策により限られた海外情報のみしか持ち得ていなかった当時としてはやむを得なかった面はあるものの、大多数の人たちは開国に反対し、実力を以って外国船を打ち払うべしとの強硬論を主張していた。

広く国内から意見を求めたものの、結局何も決められないままに時間だけが過ぎていき、そうこうしているうちに再びペリーが来航してしまったのであった。

嘉永17年（1854年）1月16日、来春と言っていたペリーがそれよりも時期を早め、厳冬の時期に姿を現した。しかも、昨年の浦賀沖よりももっと江戸に近い柴村（横浜市金沢区柴町）沖にである。今で言うところの、八景島シーパラダイスがある辺りと考えればいいだろう。もう少し時間的余裕があると甘く考えていた幕閣にとっては、寝耳に水の悪いニュースであったに違いない。

昨年は4隻の黒船による来航であったが、今回はサスケハナ号、ミシシッピー号の他にポーハタン（Powhatan）号の3隻の蒸気船と、ヴァンダリア（Vandalia）号、マセドニアン（Macedonian）号、レキシントン（Lexington）号、サザンプトン（Southampton）号の4隻の帆船という大艦隊での来航となった。今回は何としても条約締結に漕ぎ着けようという、ペリーの並々ならぬ決意のほどが窺える。

この後ペリーと幕府との間で、応接地の決定を巡って2週間の時間が費やされている。幕府側がまずは鎌倉を、続いて浦賀を提案したのに対して、ペリーはもっと江戸に近い場所を主張して交渉は平行線を辿る。その間もペリーは、品川沖に測量船を繰り出すなどして示威行為を続けた。何とか穏便に交渉を進めたい思いでいる幕府側が仕方なく譲歩して、神奈川付近を応接地とする腹を固める。その結果急浮上したのが、神奈川宿から少し外れた漁村である横浜村であった。

横浜村は、久里浜よりも江戸に近いこと、艦隊が砲弾の届く位置まで海岸に近寄れる水深を持っていること、持参した蒸気機関車の模型を走らせることができる広さの平地があることなどのペリーが要求する条件を満たしていることが確認された。

さらに応接所を急遽設営するのに約10日間を要した後、いよいよ条約交渉のためにペリー一行が上陸する手はずが整った。

ペリーらが上陸した様子を描いた絵が、記念碑がある広場からほど近い横浜開港資料館に展示されている。

画面の右側には、大勢の関係者や見物客を敢然と遮るかのように、銃剣を携えた米兵が真一文字に整列している。よく見ると左側も同様に、米兵が一列に並んで日本人との間に立ちはだかっているのがわかる。左右の米兵の列によって作り出されたスペースの中央をペリー一行が隊列を組んで、星条旗を掲げながら粛々と行進しているところを描いた絵である。沖合には黒船をはじ

日米和親条約調印の碑

ペリー上陸の図

横浜開港資料館・玉楠の木

めとして、無数の船舶が浮かんでいる。緊張感が全面に漲《みなぎ》る精緻《せいち》な絵だ。

ペリーが日本との間で初めて条約交渉を行ったのは、2月10日である。ペリーは、この日のために武装した500人の兵を上陸させたと言う。

絵の右端に描かれている大きな木が、今の横浜開港資料館の中庭にある玉楠《たまくす》の木であると言われている。ただし現存の玉楠の木は、関東大震災で焼失した根から新たに生えた2代目の玉楠の木である。


絵には描かれていないが、幕府は交渉を行うための建物を用意している。先程の説明板の記述にある神奈川県庁付近にあった「応接所」がそれである。この応接所には、一行のうちの約30人のみが入った。さらに実際の交渉にあたったのは、ペリーのほか、参謀長のアダムズ、通訳のウィリアムズとポートマン、それに秘書のO・H・ペリー（ペリーの息子）の5人だった。

日本側の交渉相手は、代表の林大学頭《だいがくのかみ》のほかに、町奉行の井戸対馬守《つしまのかみ》、浦賀奉行の伊沢美作守《みまさかのかみ》、目付の鵜殿民部少輔《うどのみんぶのしょうゆう》、幕府儒者の松崎満太郎、それに通訳の森山栄之助の6名であった。日本側に英語の通訳者がいなかったために、交渉はオランダ語で行われた。実に難交渉であったことが想像される。

この2月10日を初日として、3月3日の条約締結までに4回の会談が行われ、書面による交渉がこれを補った。3週間に及ぶ交渉は、困難を極めたに違いない。言葉の問題もさることながら、両国の基本的思想や文化の隔たりは隔絶たるものがあった。両国の間で激しいやり取りが交わされた。

こうした幾多の困難を乗り越えて締結されたのが、神奈川条約とも呼ばれている日米和親条約である。後に下田で締結される付録（下田条約）とを合わせて、一般には日米和親条約と言う。

その第一条に曰く。

日本と合衆国とは、其人民永世不朽の和親を取結び、場所・人柄の差別これ無き事。

さらに第二条および第八条には、

伊豆下田・松前地箱館の両港は、日本政府に於て、亜墨利加《アメリカ》船薪水・食料・石炭欠乏品を、日本にて調ひ候丈は給し候為め、渡来の儀差し免し候。

薪水・食料・石炭並びに欠乏の品を求むる時には、其の地の役人にて取扱ひすへし。私に取引すへからさる事。

とある。下田と箱館の開港条項である。日本側は最初、長崎1港のみの開港を主張したが、アメリカ側に下田と箱館の2港開港で押し切られている。反対にペリーは、一気に通商条項まで盛り込みたかったのだが、これは日本側の強い抵抗に遭ってあっさりと引き下がった。が、ここまではよかった。問題は第九条と第十一条であった。

日本政府、外国人へ当節亜墨利加人へ差し許さす候廉《かど》相許し候節は、亜墨利加人へも同様差し許し申すへし。右に付、談判猶予致さず候事。

いわゆる片務的最恵国待遇に関する条項である。日本側ではこの条項の不平等性にこの時点では気づいていない。後の日米修好通商条約にも継承されて、明治新政府に重くのしかかる重要政策課題の一つとなる。

さらに、

両国政府に於て、(2)拠《よんどころ》なき儀これ有り候時は、模様に寄り合衆国官吏の者下田に差し置き候儀もこれ有るへし。尤も約定調印より十八箇月後(3)にこれ無く候ては、其儀に及はす候事。

の日米の訳語の相違から、安政3年（1856年）にハリスが来日した際、混乱を来《きた》すことになる。

最初は緊張感に満ち満ちていた両国の交渉も、進展していくに従いお互いの理解と信頼関係が構築されていった。アメリカから蒸気機関車の模型や電信機などの文明品が日本側に贈られたのに対して、日本からも漆器や磁器などの工芸品がアメリカに贈呈された。締結直前の2月29日には、ポーハタン号上でペリー主催の大宴会が開催された。

横浜の沖合で行われたこの船上パーティーでは、ワインですっかり陽気になった松崎満太郎がペリーの首に抱きつくというエピソードまで発生している。一歩間違えば戦火を交える危険もあった難しい交渉をほぼまとめ終えようとしている両国関係者の安堵の心境が手に取るようにわかって微笑ましい光景だ。

条約締結の後ペリー一行は、横浜に上陸するなどして暫しの間寛いだ後、開港となる下田と箱館を測量するために横浜沖を離れた。1月16日に柴村沖に姿を現してから3月13日に下田に去るまで、2ヶ月近くに及ぶ徳川幕府の緊張は、一旦はここで解放された。幕閣たちの安堵のため息が聞こえてくるような気がした。

次回は、ペリー艦隊が向かった先である下田を訪れてみることにする。

（1）役職のある大名は、家格によって江戸城内で控える部屋が決まっていた。
溜　間　臣下に与えられた最高の座席。彦根井伊家、会津松平家、高松松平家等
大広間　家門・外様の四品（四位）以上の座席。毛利家、島津家、伊達家等
大廊下　将軍家ゆかりの大名家に与えられた特別待遇の座席。御三家、前田家等
帝鑑間　古来御譜代の座席

（2）英語の表記は「either of two governments」

（3）英語の表記は「within eighteen months」

下田（下田条約締結地、アメリカ領事館跡他）

実は、下田を訪れるのも、初めてだった。これまで訪ねた街のうち、横浜を除く浦賀、久里浜、そして下田はすべて、私にとって初めて訪れた土地だった。改めてこれまでの自分の不勉強さを痛感している。

今回の旅は、左手に海岸線と遠くに伊豆諸島の島々を眺めながら、伊豆急行に揺られての小旅行だった。途中、伊東や熱川《あたがわ》などのいくつもの有名な温泉郷を通り越して、終着駅が下田である。ずいぶんと最果てまで来てしまったとの感慨が、旅情とともに湧きあがる。

下田の街は、暮色に包まれていた。私は当てもなくぶらぶらと、港の方へと歩いて行った。下田港は周囲を山に囲まれた小さな湾のようになっていて、漁船がいくつとなく係留されている。金目鯛の水揚げ量日本一を誇る下田港は、静かに夜を迎えようとしていた。どことなく郷愁を掻き立てられるような趣のある風景だ。その下田港が、もうすぐ暗闇に包まれていく。

港のはずれ近い場所に、何やら人の像のようなものが夕日に映えて立っているのが見えた。近づいてみると、ペリーの胸像だった。暮れなずむ夕暮れの港にシルエットとなって佇むペリーの胸像は、凛々しく見え、また寂しくも見えた。

ペリーの胸像と並んで小さな灯りが点された記念碑があった。「日米交流150周年によせて」と題されたブッシュ大統領のメッセージが添えられている。平成16年（2004年）に建てられた記念碑は、まさに日米和親条約締結から150年を経た日米友好の証しである。

下田港に面した網元直営の食事処で海の幸を堪能した後、もうすっかり夜になってしまった街の中心部を通って、駅の近くにあるホテルへと戻った。夜の下田は人影も少なくて、ひっそりと静まり返っていた。明日また、このペリー上陸地の辺りから下田の街の散策を再開することにする。

一夜明けた下田の街は、時折スコールのような大粒の雨が通り過ぎていく不安定な空模様だった。生憎の天気ではあったが、今日は一日かけてゆっくりと市内を歩きまわって、下田の街の歴史を堪能することにしたい。

幕末の日本外交史において下田が最初に登場するのは、昨日の夕方に訪れたペリーの上陸地である。下田の街を海に向かって右側、中央、左側の三つのエリアに分けると、右側のエリアになる。それぞれのエリアに主役を設定することができるが、このエリアの主役は何と言ってもペリーである。

無事に日米和親条約を締結し終えたペリー一行の艦隊は、その足で横浜から下田に回航した。条約により開港が決まった下田港を実地に検分するためと、神奈川条約を補う付録（下田条約）を締結するためである。

神奈川条約で日米両国の主要な合意は成り立ったものの、なお詰めておきたい数項目を残していたため、この続きは下田で協議しようということになっていた。

安政元年（1854年）3月21日、ペリー一行はこの場所から下田に上陸した。ペリーらが通った了仙寺までの平滑《ひらなめ》川沿いの小道はペリーロードと呼ばれ、今では散歩道としてきれいに整備されている。かつては花街だったという海鼠《なまこ》塀の建物や古い石造りの倉庫を内装だけを巧みに現代風に改良した街並みもお洒落で、この辺り一帯は下田でも一番の魅力的な地域へと変貌を遂げている。

今ではペリー艦隊来航記念碑が建つところ、この下田港のはずれに上陸したペリー一行は、そのまま隊列を組んで平滑川沿いに了仙寺まで行進した。

下田は大きな街ではない。したがってペリーロードと言っても、距離的にはそれほど長い散歩道ではない。私も実際に歩いてみたが、途中、日露和親条約締結の舞台となった長楽寺を経て了仙寺に着くまでに、それほどの時間はかからなかった。

ペリーの『日本遠征記』には、下田には九つの仏寺と一つの大きな宮（神道の社）、それにたくさんの小さな神社があることが書かれている。九つある寺のなかで一番大きい了仙寺が、艦隊滞在中ペリーの使用に充てられた。と言っても、ずっとペリーが了仙寺に滞在していたのではなく、基本的には下田港に浮かぶ黒船に寝泊まりし、必要な時にのみ了仙寺に赴いていた模様である。

ちょうどペリーが旗艦のポーハタン号にいた3月28日午前2時頃、吉田松陰と金子重輔がアメリカへの帯同を願い出るという事件が起こったが、そのことはまた後に触れることにする。

港としての下田港について、ペリーの『日本遠征記』はこのように語っている。(4)

限られた数の船舶にとつては、下田港よりもよい港はあり得ない。提督は次のやうに云つてゐる。「同港が外海と近きこと、近づくことの容易と安全、出入の便を考へる時、あらゆる必要なる目的を適せしめ得るより望ましき港を選択し得るや否を知らず」と。

日米和親条約により開港される港としてペリーは、下田港をこのように最大級の賛辞を用いて評価した。後に初代アメリカ総領事となってこの下田に赴任するハリスは、天城《あまぎ》峠によってメインストリートである東海道から遮断され陸の孤島となっている下田の街の立地を嫌い、下田を開港地としてペリーに押しつけたのは日本人の狡計であると批判しているが(5)、貿易港としてではなく捕鯨船等への薪や水の供給地としての下田港をペリーは良港として素直に評価したものと考える。

港の調査だけでなく、ペリー一行は旺盛な好奇心と精密な観察力をもって下田の街を詳細に見て回った。その過程で下田の人たちとも次第に交流を拡げていっている。

ペリー一行は、ひと通りの下田における調査を終え、下田の開港地としての適格性を確認した後、もう一つの開港地である箱館の調査に赴いている。そして再び下田に戻って来たのが5月12日である。短い期間の間に下田と箱館間を往復するなど、ペリーは実に精力的に行動していることがわかる。

そして翌5月13日、ペリーは３００人の乗組員とともに下田に再上陸し、下田条約の交渉が開始された。協議は数日間続き、嘉永7年（１８５４年）5月25日、ペリーとの間で日米和親条約の付録として、下田条約13カ条が締結された。

下田の街を見下ろす高台にある了仙寺は、大きなどっしりとした本堂をもつ風格のある寺である。上陸したペリー一行との条約締結の交渉地として選択されたことも、十分に肯《うけが》われる。了仙寺はまた、ペリーや黒船に関する多くのコレクションを持つ寺としても有名である。教科書に掲載されているペリーや黒船の絵のほとんどは、この寺のコレクションなのだそうだ。ペリーは今もなお、了仙寺に多大な恩恵を与え続けている。

下田におけるすべての任務を完了したペリー艦隊は、6月2日に那覇へと去って行った。

日米両国にとっての日米和親条約とは、何だったのか？

アメリカにとっては、貿易というもう一つの目的までは達成することができなかったものの、他の列強に先駆けて日本を開国させた功績は、測り知れず大きかったということが言えるだろう。日本にとっては、徳川幕府の国策であった鎖国の扉を、武力を背景とした威嚇によって無理やりこじ開けられたとの印象は否めない。しかし一方で、通商までは認めなかったことで、幕府としての最低限の面目を保てたということも間違いのない事実である。

しかもこの歴史的な条約が、一発の銃声を聞くこともなしに極めて平和裏に締結されたことは、何にも増して特筆すべき事柄であると思う。そこには、この条約締結に関わったすべての日米関係者の献身的な努力が込められているからだ。

歴史の必然の流れがひたひたと日本に押し寄せて来て、日本はそれに抗いながらも受け入れていく運命を歩み始めた。もう待ったなしの状況に日本が置かれたということであろうと思う。

続いて訪れたのは、海に向かって左側のエリアである。ペリー上陸地とは湾を挟んで反対側の地域となる。このエリアの主役は、初代アメリカ総領事のハリスである。

このエリアで私が一番に目指した場所は、玉泉寺だった。

初代アメリカ総領事のハリスが、日本で最初のアメリカ領事館として使用した寺である。玉泉寺におけるハリスや通訳官ヒュースケンの様子は、舟橋聖一さんの『花の生涯』に詳しい。嫌がるお吉を無理やり出仕させて、身の回りの世話をさせたことでも世に知られている。

お吉の話は、後ほどお吉資料館のところでするとして、ここでは最初のアメリカ領事館としての玉泉寺のことを話すことにしたい。

目指す玉泉寺は、遠かった。アメリカ領事館なのだから当然に街の真ん中にあるものと思っていたが、海岸線に沿って延々と歩いて行ってもなかなか到着しなかった。行き過ぎてしまったのではないかと不安になったくらいの距離だ。幕府は敢えて、街外れにある玉泉寺を領事館として選んだのに違いない。この距離感に、嫌々下田を開港しなければならなかった幕府の気持ちを実感した。

あるいは、街の人たちとの間での無用な混乱を避けるための隔離政策だったのかもしれない。『花の生涯』のなかでも、ハリスからもらった石鹸を公衆浴場で使用して、下田の人々から怪しまれ疎まれたお吉の様子が生々しく描かれている。

ペリー艦隊来航記念碑

玉泉寺

吉田松陰像

宝福寺・お吉の墓

ペリーロード

海鼠塀の家

石段を上り山門を潜ると、正面に銅葺き屋根のどっしりとした本堂が見えてくる。歴史の本などに掲載されていたものか、どこか見覚えのある本堂だ。ハリスは、この本堂をアメリカ領事館として使用するとともに、ここに居住した。

本堂前の庭には、「日本最初の屠殺場の跡（屠牛木《とぎゅうもく》）」、「牛乳の碑」、「米国総領事旗掲揚之地」、「米国大統領来訪記念碑」が所狭しと配置されていて、この場所が歴史的に特別な場所であることを示している。反対に言うと、これらの記念碑がなければ、どこにでもありそうな普通の寺なのである。

本堂の右手に、「ハリス記念館」がある。貴重なハリスの遺品が多数展示されている。

日本国中を開国派と尊王攘夷派とに二分し大混乱に陥れた日米修好通商条約が締結されたのは、ハリスがここ下田に領事館を構えていた時期に当たる。ハリスはこの玉泉寺を拠点として、最後は江戸に出て欧米列強の武力をちらつかせたりしながら、粘り強く幕府との交渉を進めた。日米修好通商条約の締結は、ハリスの生涯において最も華々しい勲章であったに違いない。

玉泉寺から遠くないところに、吉田松陰と金子重輔《じゅうすけ》がペリーの船に乗り込もうとして出航した場所があり、記念碑と銅像が建てられている。時に嘉永7年（1854年）3月27日深夜（28日未明）のことだった。

まさに、日米和親条約を締結し下田に滞在中のペリー一行を目指しての壮挙だった。松陰らは、海岸に突き出した小さな岬のようになっている弁天島に建つ祠に身を隠し、夜陰に紛れてハリスの乗るポーハタン号を目指して小舟を漕ぎ出した。

世の人はよしあし事もいはばいへ
賊が誠は神ぞ知るらむ

後に下田の平滑獄に囚われた際に詠んだ松陰の歌が、この時の心境を如実に物語る。米国船に乗り込み、アメリカに渡りたい。自分の目でアメリカを直接見て確かめたい。当時としては破天荒な発想だった。しかし殊勝な志である。アメリカの法律では海外渡航することは罪でも何でもないが、日本では国法に背く大罪となることを理解するペリーは、悩んだ末に彼らの申し出を拒絶する。

けっして彼らを処罰しないでほしい。そう幕府に申し入れたペリーであったが、そんなペリーの願いは聞き入れられず、その過激な思想と行動力のために、松陰はやがて安政の大獄で命を奪われることになる。まさに文字通りの命を懸けての渡航の企てであった。

この時の吉田松陰と金子重輔についてペリーは『日本遠征記』のなかで次のように述べ、最大限の理解と賛辞を送っている。

この事件は同国の厳重な法律を破らんとし、又知識を増すために生命をさえ賭そうとした二人の教養ある日本人の烈しい知識欲を示すもので、興味深いことであつた。日本人は疑もなく研究好きの人民で、彼等の道徳的並びに知識的能力を増大する機会を喜んで迎へるのが常である。この不幸な二人の行動は、同国人の特質より出たものであつたと信ずるし、又人民の抱いてゐる烈しい好奇心をこれ以上によく示すものはない。ところでその実行は、最も厳重な法律と、それに違反させないやうにするための絶えざる監視とによつてのみ抑へられてゐるのである。日本人の志向がかくの如くであるとすれば、この興味ある国の前途は何と味のあるものであることか、又附言すれば、その前途は何と有望であることか！

もしもこの時にペリーが、松陰が持っていたのと同じ程度の勇気を持って松陰らをアメリカに連れて行っていたら、松陰は安政の大獄で殺されることもなく、優れたアメリカの文化を吸収して日本の近代化に大いに貢献したのではないか。考えても詮無いことではあるがついついそう思ってしまう。

海に向かって左手のエリアを見終わって、最後に中央エリアに戻った。右手のエリアも左手のエリアも、街としては街はずれで、下田の街の本来の中心地は、文字通りこの中央エリアである。このエリアの主役は、唐人お吉と元許嫁《いいなずけ》だった鶴松の二人である。

二人の旧跡を訪れる前に、まずは下田の街並みについて、ペリーの『日本遠征記』の記述を引用しておきたい。

下田は伊豆の国で一番大きな町であると云はれて居り、又嘗ては相当重要な商業の中心地だつた。数世紀前に建設されたもので、約二百年以来、首府に赴く船舶の出入港だつた。然し同湾の更に上手にある浦賀がこの重要な役割を受け継いでから、下田は衰退して比較的貧しい場所になつた。

下田の町は小ぢんまりと建設されてゐて、規則正しく出来てゐる。街路は互いに直角に交叉し、その大部分は簡単な木の門で護られて、その門は番人の屯所がある。町の中を小さい川が一つ流れてゐて、その両岸は石で畳まれ、川には小さい木の橋が四つ架けられて対岸と連絡してゐる。

店舗と住居の建築は粗末なもので、大部分は草葺の小屋に過ぎない。上流階級の家二三は石造であるが、大抵は竹か薄板の骨組で建築されて、その上に一種の粘土《ねばつち》を塗る。この粘土が乾くと再び漆喰の上塗を塗る。この漆喰は色付けをするか又は洒《さら》して黒くされる。それから建物の表面に繰り形を筋違ひに配列してそれを白く塗り、下の黒い地と対照させて家屋に不思議な斑《まだら》形をつける。

ペリー『日本遠征記』のこれらの記述はかなり正確であり、ポイントをついている。下田の街の中心部を歩くと、確かに道が碁盤の目のように正しく区画され、そこここに海鼠塀の古い建物が散りばめられている。黒と白のコントラストが美しく、下田の街を鮮やかに印象づけているのが、この海鼠塀である。

ハリスが下田に現れなければ、お吉と鶴松は夫婦となって、歴史に登場することもなくごく平凡な一生を過ごしたことだろうと思う。歴史とは、時に残酷である。お吉は鶴松の許嫁であったのに、公権力によって二人の仲は引き裂かれた。お吉を見染めたハリスに懇請されて、お吉は無理やり玉泉寺に出仕させられたのである。

ハリスは１８０４年生まれの当時52歳、写真で見る限りは相当の醜男《ぶおとこ》である。一方のお吉はまだ16歳。こちらは写真で見る限り目鼻立ちのきりっとした洋風美人である。歳の差も甚だしいし、まさに美女と野獣だった。

それだけでも十分悲劇であったのに、外国人に仕えるお吉のことを下田の人々は、汚らわしい者を見るような目で見て、敬遠した。ハリスに出仕していた時期はもちろんのこと、ハリスが下田を去った後もずっと、お吉はラシャメンとか唐人と呼ばれて下田の人々から差別を受け続けたという。

支度金25両、年俸１２０両という下田奉行所がお吉に与えた破格の報酬も人々の羨望のもとになったのは間違いない。しかしそれだけでなく、下田の人たちはそれまで外国人を見たこともなかったから、ただひたすらに夷荻《いてき》として恐怖心を抱いていた。無知による偏見から、それこそ鬼か悪魔の使いのように思っていたものと考える。そんなハリスに身も心も仕えたお吉のことを、下田の人たちは謂れのない差別をもって苛《さいな》めた。

井伊直弼《なおすけ》の愛人であった村山たか女《じょ》の時もそうであったが、歴史のなかで重要な役割を演じていたにも拘わらず、女性であるお吉の存在は正規の歴史書には登場しない。あれだけ克明に条約締結交渉の模様が記録されているハリス自身の日記（『日本滞在記』(5)）にも、お吉のことは一言も記載されていない。絶えずハリスと一緒の時を過ごした通訳ヒュースケンの遺した日記にも、下男のことは書かれているのに、お吉のことは一切触れられていないのだ。したがって私は、お吉の生涯を正確に追うことができない。下田に来てお吉に関する書籍を購《あがな》ってみたものの、町の古老からの聞き書きを書き綴ったような内容だった。それはそれでとても参考になったけれど、公式な記録がないという事実に割りきれない思いを禁じ得なかった。

まあ間違いないだろうというところを記載すると、お吉は天保12年（1841年）11月10日に尾張国知多郡西端村（愛知県南知多町内海《うつみ》）に船大工市兵衛の次女として生まれた。本名は斉藤きちという。4歳のときに家族が下田の坂下町に移り住み、7歳のときに河津《かわづ》城主向井将監《しょうげん》の愛妾村山せんの養女となり、14歳で芸妓の道を歩き始めた。まさにペリーが初めて下田に来港した年である。

際立つ美貌である。芸妓としてのお吉の評判は日に日に高まっていった。安政3年（1856年）には父親の職業と同じ船大工の鶴松と将来を誓い合う仲になった。そんな矢先の災難だった。

下田駅からほど近い稲田寺《とうでんじ》に、鶴松の墓がある。許嫁をハリスに強奪された悲劇の人として周囲の同情を一身に浴びて、むしろヒーローのようになっているのが、下田における鶴松の存在であるようだ。

墓前の擦《かす》れかけた説明板によると鶴松は、ハリスから解放されたお吉と後年同棲したが、なぜか4年間で離縁してしまい、その後心臓病でぽっくり逝ってしまったという。性格も温順で酒も飲まず、腕のいい船大工だったようである。彼も間違いなく、ハリスの犠牲者の一人である。

稲田寺からそう遠くない場所に、宝福寺がある。お吉が眠っている寺だ。本堂の右手に唐人お吉記念館と大きな字で書かれたゲートがあって、お吉の墓に詣でる観光客は入館料を払ってこの記念館に入ることになる。

記念館には、お吉の遺品が多数展示されていて、その質量ともに充実している。19歳の頃のお吉の写真というのが飾られているが、これが本人だとすれば、相当の現代風美人である。ハリスでなくても、心惹かれるのは無理もない気がする。

お吉も、最期は哀れな人生の終わり方をしている。

ペリー上陸の地からペリーロードに入ってすぐの右側に、安直楼《あんちょくろう》という海鼠塀と木の格子が美しい小ぢんまりとした二階家がある。ここは、お吉が42歳の時に開いた小料理屋の跡である。お吉は店を開いたものの、酒に溺れ乱れた生活を放逐することができずに、2年後に店をたたんだ。安直楼時代に撮ったとされるお吉のもう1枚の写真が残っている。19歳の時の匂いたつような若さの写真からは程遠い、世間やつれした写真だ。きりっとした勝気そうな眼差しだけは変わらないが、写真全体に深い倦怠感が漂っている。

その後お吉は、毎日の暮らしにも事欠くようになり、明治24年（1891年）3月25日の豪雨の夜に、下田川の上流に身を投げてこの世を去った。外国人と交渉を持った彼女は亡骸《なきがら》となっても引き取り手がなく、見かねた宝福寺の住職がこの地に葬ったのだという。

元の墓というのは小さくて擦り減っているが、後に舞台でお吉を演じた水谷八重子らがお吉の境遇を憐れんで、傍らに立派な墓を建てた。お吉の霊もこれでやっと、少しは心安らかになったかもしれない。

考えれば考えるほど、お吉の人生は悲惨で気の毒な人生であったと思う。外国人に対する当時の日本人の無知と偏見を日本人であるお吉が一身に浴びて、残りの人生をも台無しにしてしまった。日本の近代化は、お吉のような無垢で善良な市民の犠牲のうえに成し遂げられたものだということを、私たちは肝に銘じて覚えておかなければならない。日本の黎明期における苦闘は、まだ暫くの間は続くのであった。

それにしても、生前は下田の人々からあれだけ疎まれたお吉が、今では貴重な町の観光資源となっているのは、何と皮肉なことか。下田の人たちはお吉のことをもっと感謝しなければいけないのではないか。なんだか余計にいたたまれない気持ちになって、記念館を後にした。

この文章においては余談になるが、この宝福寺は、ペリーとの下田条約締結交渉の際の日本側全権の打ち合わせ場所となったほか、坂本龍馬飛翔の地とされている。この寺に宿泊していた土佐藩主山内容堂に勝海舟が目通りを願い、脱藩した坂本龍馬の許しを請うたことから、飛翔の地なのだそうだ。ちょっとコピーが飛翔してしまっているような気がしないでもないが、お吉記念館には海舟が容堂に謁見した部屋の一部や、ほとんど下戸の海舟が龍馬の許しを請うために容堂の面前で一気に飲み干したとされる大盃などが展示されている。

先のペリー『日本遠征記』の記述にもあったように、下田には寺が多い。紹介した稲田寺や宝福寺のほかにも、どうしてこんなに？と思ってしまうほど、街を歩いていると多くの寺を目にする。寺には広大なスペースがあり、また本堂などの大きな建物もある。寺の数が多かったことが、幕末の開港地としての下田には好立地だったことは間違いない。

下田の街の特徴としてもう一つ特筆しなければならないのが、海鼠塀の街並みだ。街のそここに、白い斜め格子が美しい、江戸時代から大正時代にかけて建てられた海鼠塀の民家が点在している。往年の下田の街の繁栄を物語るような立派な造りであり、心が落ち着く光景だ。下田というと、今まで来たことがなかったけれど、なぜか海鼠塀の街並みが頭に浮かんだ。

そんなとある古民家の前を通りかかったとき、「どうぞ、遠慮なく中に入って見ていってください」と声をかけられた。声の主は若い男性だった。導き入れられた民家は、一階が大谷石《おおやいし》でできた大きな空間になっていて、二階が海鼠塀の倉庫のような造りになっている建物だった。

この建物の所有者から1年間のレンタルを受けて、昨日の夜から仲間たちと泊っているのだという。いくらで借りたのかは知らないが、おもしろいことをやるものだと感心した。借りてみたものの、まだ何に使うかは決まっていないという。目的もないままにとりあえず借りてしまう計画性のなさが、いかにも若者らしくて羨ましく思えた。彼らがこの蔵を何に仕立て上げるのか、近いうちにまた訪れてみたいと思った。

下田の街を、ほぼ一日かけて歩いて巡った。もっと紹介したい場所もたくさんあったが、この文章の目的が幕末外交史の史跡を訪れることにあったため、あまり余計なことに紙幅を費やすことに躊躇した。

街のそこここに湧き出たいで湯が流れ、どこか異国情緒を漂わせている下田の街は、およそ150年前に突如として現れた黒船のために、大きく運命を変えられた。

江戸からも大坂からも離れた伊豆半島の突端に近い下田が、なぜ箱館とともに日本で最初の開港地に選ばれたのか?との疑問を、私はずっと以前から抱いていた。ペリーとの交渉の過程を詳《つまび》らかに見ていくと、幕府の思惑とペリーの思惑とのぎりぎりの接点が箱館と下田であったのだ、ということが見えてくる。

日米和親条約締結交渉において幕府は、江戸や大坂に近い場所を外国人に開放したくなかった。できるだけ辺鄙な場所に外国人を押し籠めておきたかった。

一方のペリーは、当初は一気に通商条約締結までを目論んでいたものの、日本側の拒絶の意志が固いと見るや、一転して和親条約締結を急いだ。外洋に面していて容易に近づくことができる下田は、カリフォルニアと中国とを結ぶ船舶や捕鯨船の避難港、および薪・水などの欠乏品の補給港という観点からは、理想的な港だった。ペリーとしては、通商条約締結に至らなくても、その足掛かりとなり得る和親条約を締結することで、功績を本国に十分アピールできるものと考えたのだろう。

こうして開港されたのが、下田であったのだと思う。

陸路を考えると、下田から江戸までは相当の道程である。途中に天城峠や箱根の関所もあるため、江戸までの旅は容易ではない。現に後年、ハリスが日米修好通商条約締結を促すために陸路江戸に向かった際には、大いに難儀したことが記録に残されている。

一方海路を取れば、下田から江戸は比較的容易に結ぶことができる位置にある。世の中の移動手段が、徒歩から船に変遷する過程にあったことも、下田が光を浴びることになった一因だったのではないかと私は考えている。

浦賀に始まった私の黒船の舞台を巡る旅は、久里浜、横浜そして下田でひとまず終わることになる。次回はもう一つの重要な条約である日米修好通商条約の締結交渉の舞台である九段下をたずねてみることにしたい。

（4）土屋喬雄・玉城肇訳『ペルリ提督日本遠征記』岩波文庫　旧字体を新字体に改めた
（5）坂田精一訳『ハリス日本滞在記』岩波文庫　旧字体を新字体に改めた

九段下（日米修好通商条約交渉地）

「灯台もと暗し」とはこのことである。

私は九段下に本店を持つ会社に25年以上勤務していながら、この地が幕末における日本外交史において極めて重要な役割を果たした場所であることを知らなかった。

初詣やお花見、あるいはコンサート等で九段下を訪れる人は多いと思うが、幕末の一時期にここに蕃書調所《ばんしょしらべしょ》という西洋学問研究所が置かれていたこと、そしてここに数ヶ月という長期間に亘って日米修好通商条約の交渉のためにアメリカ総領事ハリスが滞在していたことは、一般にはほとんど知られていないであろう。

九段下を歩く人たちのなかで、交差点の交番横に一本の標柱と説明板がひっそりと建てられていることに気づく人も、むしろ少数派かもしれない。

その標柱には「蕃書調所跡」と書かれている。標柱の隣にある色褪せた説明板には、

安政三年幕府はここに蕃書調所を設け、専ら海外の事情を調査すると共にその教育にあたらせた。

この調所はのち神田一ツ橋通りに移って洋書調所に、更に開成所と改め、明治二年大学南校と改称して東京大学の前身となった、

とのみある。

実にあっさりとした内容の説明板だ。私は長く九段下に勤務しているので、この地に蕃書調所があったことは知っていた。しかし、この淡白な説明板のせいにするわけではないが、下田のアメリカ領事館に着任したハリス総領事が日米修好通商条約の締結交渉のために江戸に出府し、この蕃書調所に滞在していたことは、つい最近まで知らなかった。

勅許なしでの条約締結の可否、ひいては攘夷か開国かで国論を真っ二つに割る原因となった日米修好通商条約の条文がここで生まれたという事実を初めて知って、実は私も驚いている。まさに、「灯台もと暗し」だったのだ。

アメリカ総領事のタウンゼント・ハリスは、安政4年(1857年)10月7日に馬で下田を出発し、7日後の10月14日に江戸に到着している。総領事のハリスと通訳のヒュースケンのたった二人の外国人が江戸まで移動するのに350人もの行列が編成されたというから、さながら大名行列のようなものものしい出で立ちだったろうことが想像される。

途中、馬が使えない天城《あまぎ》峠や箱根越え等の難所もあって、陸路での移動はハリス一行にとってけっして楽な道のりではなかった。加えて沿道の住民たちの好奇に満ちた視線を浴びながら、ハ

リスとヒュースケンは江戸に到着した。

その時の江戸におけるハリスたちの滞在場所が、蕃書調所であった。

蕃書調所があった場所は、今の九段下交番から九段会館にかけての場所であったものと思われる。明治初期の古い写真を見ると、江戸城に面した牛ヶ淵のお濠に沿って、黒板張りの大きな建物が見える。もっと小ぢんまりとした建物を想像していた私であったが、蕃書調所は意外に立派な建物であったことがわかる。

ハリスは、自身の日記の中で次のように書いている。(5)

ここの建物は非常に大きい。それは幕府の所有で、以前に、大学として使用されていたものである。それは、「お城」と呼ばれている境域内にあるが、精《くわ》しく言えば、それは四つのサークル（可なり不規則な形の）の外側の一つにあたり、その中央の一つが大君《たいくん》の邸宅である。私の宿所は濠に沿っている道路に臨み、その向こう側の一つの広い街に相対している。私の部屋から、先に述べた石垣と、大君の二人の兄弟が住む邸が見える。この部分は江戸市の「城内《コート》」地域で、この地域には高位の者だけが住んでいる。

それにしても、こんな身近なところにハリスの足跡があったなんて、本当に私にとっては意外な発見であった。

九段会館には、牛ヶ淵と呼ばれる江戸城のお濠とその向こう側の石垣とを間近に眺めながら喫茶や軽食を食べることができるコーヒーラウンジがある。もしかしたらここから望む景色こそが、ハリスが150年前に自室から見た景色にきわめて近い景色であるかもしれない。

ハリスと通訳のヒュースケンは、10月21日に江戸城にて将軍家定《いえさだ》への謁見を果たし、ピアース大統領からの親書を手渡している。その後、実際に条約交渉が始まるまでに1ヶ月半以上の期間を要しているのは、幕府側が交渉の開始を逡巡し、準備に手間取っていたためである。

この間ハリスは、アメリカとの間で早期に条約を締結することのメリットを彼の対応相手を務める堀田備中守《びっちゅうのかみ》ら幕府の役人たちに滔々《とうとう》と説いている。少し長くなるが、ハリスの考えの根本部分であるから、彼の日記から引用する。(5)

私は、スチーム(蒸気)の利用によって世界の情勢が一変したことを語った。日本は鎖国政策を放棄せねばならなくなるだろう。日本の国民に、その器用さと勤勉さを行使することを許しさえするならば、日本は遠からずして偉大な、強力な国家となるであろう。

諸外国は競って強力な艦隊を日本に派遣し、開国を要求するだろう。日本は屈服するか、然らざれば戦争の惨苦をなめなければならない。戦争が起きないにしても、日本は絶えず外国の大艦隊の来航に脅かされるに違いない。何らかの譲歩をしようとするならば、それは適当な時期にする必要がある。艦隊の要求するような条件は、私のような地位の者が要求するものよりも、決して穏和なものではない。平和の外交使節に対して拒否したものを、艦隊に対して屈服的に譲歩することは、日本の全国民の眼前に政府の威信を失墜し、その力を実際に弱めることになると述べ、この点はシナの場合、すなわち１８３９年から１８４１年に至る（阿片）戦争と、その戦争に続いた諸事件、および現在の戦争とを例にとって説明した。

多少の脅しの部分があることは否定しないが、ハリスは心の底から、自分との間で修好通商条約を締結することこそが、日本にとって最良の選択肢であることを信じて疑わなかった。それに多少の名誉心が手伝って、ハリスは一刻も早く、他国に先駆けてのアメリカとの条約締結の実現を望んだ。

最初のうちはおとなしく幕府の鈍い動きを見守っていたハリスであったが、埒の明かない幕府のあいまいな態度に業を煮やしたハリスは、なかば幕府を脅すようにして交渉開始を迫った。仕方なく幕府はハリスとの交渉開始を応諾し、ここに日米修好通商条約の締結交渉が始まったのである。

日米修好通商条約は、安政４年（１８５７年）12月４日に最初のオランダ語による案文がハリスから提示された後、12月11日の第１回から１月12日の第13回までの約１ヶ月間の協議を経て、安政５年（１８５８年）１月20日に最終案文が合意されている。

日本側の交渉役は、下田奉行の井上信濃守《しなののかみ》清直と、目付の岩瀬忠震《ただなり》である。通訳は森山多吉郎が務めた。一方のアメリカ側は、総領事のハリスと通訳のヒュースケンが交渉の任にあたった。以下に交渉の概要を示すごとく、開港地の決定を中心として、井上・岩瀬とハリスとの間で国の威信をかけて相当に突っ込んだ交渉が行われたことがわかる。

互いに母語ではないオランダ語を介しての交渉であったから、言葉の問題ももちろんあっただろうが、それよりも何よりも、心の底流に流れるお互いへの不信感と、埋め合わせることのできない文化の違いに対する理解不足が両者の間に厳しく立ちはだかった。

私事になってしまって恐縮だが、当時の交渉記録を読んでいるとまるで、図らずも外資系企業となってしまった我が社の毎日の様子を見ているような気がして、思わず微笑んでしまった。そうか、私の今の仕事は、毎日条約交渉をやっているようなものなのだと悟った。私の場合、国の威信をかけてという悲壮感こそないものの、条約交渉が対等の立場で行われたのに対して上下の関係である分、別の意味でやりにくさはある。

条約交渉の詳細な経緯にまではここでは踏み込まないことにするが、交渉の最初の段階ではほとんど合意を得られる条項が見いだせないくらい、両者の主張は隔たっていた。ハリスにとって日本人の主張は狡猾で虚偽が多いとの先入観ばかりが先行していた。文明的蔑視も手伝って、不信感の固まりだったと言ってもいい。

一方の井上や岩瀬にとってハリスは、理屈っぽくてせっかちで気難しい交渉相手であった。しかし将来に亘って日本の国益を左右する事項であるから、ハリスの脅しに易々と屈服するわけにはいかない。

蕃書調所跡

九段会館

九段会館

両者の交渉は息詰まる場面の連続であった。開港地は、当初のハリスの要求では、江戸、京都、大坂を含む11もの都市であったが、井上と岩瀬は粘り強い交渉を続けて、江戸、京都、大坂を候補地から外すとともに、数も半分以下の5港に押し留めた。

この日米修好通商条約により日本は、開港中の箱館に加えて、下田を閉鎖する代わりに神奈川、長崎、新潟、兵庫の4港を新たに開港することになった。また、江戸と大坂で市を開き貿易することを認め、アメリカに領事裁判権を与えている。

下田を閉鎖したのは、ハリス自身が下田に赴任してみて、開港地としての下田の欠点を実感したからにほかならない。天城山に交通を遮断されて関東に位置しながら孤立した地勢である下田をハリスは、

日本人はペリー提督をして、アメリカ人のために下田を容認させ、かくしてその狡猾さを示した。アメリカ人は完全に陸上の交通を遮断され、日本人の狡計の数々を容易に窺い得ないようにされたのだ。

と評している。[5] 確かに下田港は、水深が深く良港である条件をよく備えているが、土地の最果て感は私が旅した時も否めなかった。

日米修好通商条約の逐条交渉を終えた幕府は、幕政の最高責任者である老中の堀田正睦《まさよし》自らが、実際にハリスとの間で交渉の任にあたった岩瀬らを伴い京都に向かった。天皇の条約締結の勅許を得るためであった。しかし堀田のこの試みは完全に裏目に出て、外国人を毛嫌いしている孝明天皇は、条約締結を拒絶する。

ハリスとの交渉の矢面に立っていた江戸の空気は、水戸の徳川斉昭《なりあき》などの一部の人物を除いて概ね条約締結および開国を許容する雰囲気にあった。ハリスの老獪な交渉術の術中に嵌《はま》ったというよりも、ハリスから聞く外国情勢は的確で、納得できるものがあったということだと私は思う。ところが正確な情報もなく、夷荻《いてき》の恐ろしいイメージばかりが先行してしまっていた京都では、開国に対して強い拒絶反応が起こった。真実を知らされていないのだから、とんでもない反応が飛び出すのも不思議ではない。

徳川幕府が鎖国政策を取って以来長い間、長崎の出島からもたらされる外国に関する情報は幕府が独占してきた。情報を独占することで幕府主導の国内政策を有利に推進できるメリットを享受してきたのである。今回は、幕府のこの情報独占策が反対にネックとなってしまった。

その後の幕府の取った対応については、第一部「夜明け前の桜花」のなかで井伊直弼《なおすけ》の行動を中心として記述しているので、ここでは概略を記述するにとどめ、多くは繰り返さない。

私が今まで書いてきた二つの物語、井伊直弼の生き方を通じて開国に大きく舵を切った男の生涯を追った「夜明け前の桜花」と幕末の外交史に焦点を当てて未曾有の事態に直面した日本人の苦悩を追体験した「黒船物語」の二つの大きな流れは、日米修好通商条約締結というまさにこの一点において、正しくつながったのである。

大老となった井伊直弼の、あくまでも勅許を得た後に条約締結をするようにとの指示を無視するかたちで、井上と岩瀬が6月19日に横浜の柴村沖に停泊中のポーハタン号上で日米修好通商条約を締結した。

井上と岩瀬にしてみれば、最初はほとんど合意点を見い出すことができないほど意見が隔たっていた逐条交渉を、1ヶ月に及ぶハリスとの苦闘の末にようやく合意に達するところまで漕ぎ着けたのだから、一刻も早く調印したい気持ちで一杯だったに違いない。

日本の歴史は、勅許ないままに締結されたこの日米修好通商条約を巡ってますます混迷の度合いを深め、やがて倒幕に向かって着実に流れが形作られていくことになる。

条約締結そのものは直弼も否定するものではなく、彼我《ひが》での圧倒的な軍事力における実力差がある現時点では、むしろ平和裏に開国してその後軍事力と国力とを養って諸外国に対抗し得る実力を持つことが重要であるとの考えであった。しかしそのためには、手続きとして勅許を得ることで、あくまでも慎重に事を進めたい。そんな直弼の思いは、井上と岩瀬の暴走によって台なしとなった。

その晩、大老を辞任することまで考えしょげかえる人間井伊直弼を私たちは見てきた。しかし家臣の諫言《かんげん》により意を取り戻した直弼は、幕府の最高責任者として、勅許なくして条約を締結したことについて一切の弁明をせず、責任を一身に浴びた。

当時まだ外国人が一人も江戸在住を認められていなかった時代に、ハリスがこんなにも江戸城に近い場所に何ヶ月も滞在していたことに、私は非常に驚いている。ハリスとヒュースケンの二人だけなら、幕府にとってはさしたる脅威に感じなかったということなのだろうか。

後に麻布《あざぶ》の善福寺にアメリカ公使館を設置していることと比べると、破格の近さである。

蕃書調所が建てられていた跡地には、現在は九段会館の歴史的建造物が建立されている。九段会館の建物は帝冠様式と呼ばれ昭和9年（1934年）に竣工している。帝冠様式とは、昭和初期に流行した建築様式の一つで、洋風の建物に和風の瓦屋根を冠した重厚な建物が特徴である。同じ帝冠様式の建築物としては、東京国立博物館や神奈川県庁などがその例として挙げられる。

この九段会館は、昭和11年2月26日に発生した青年将校らによるクーデター未遂事件である、いわゆる二・二六事件において戒厳司令部が置かれた建物としても知られている。

近くには、重要文化財に指定されている田安門と清水門の二つの江戸城の城門が現存していて、満々と豊かな水をたたえる江戸城のお濠（牛ヶ淵および千鳥ヶ淵）とも相俟って、今になお江戸城の雰囲気をよく伝えてくれている地域である。

（参考）全13回の交渉内容概略

第1回　安政4年12月11日　総論
第2回　安政4年12月12日　同右
第3回　安政4年12月14日　11の開港地について
第4回　安政4年12月16日　開港地について日本側から新案を提示
第5回　安政4年12月18日　アメリカ人の居留は金川《かながわ》横浜、江戸へは商売に行くのみを再確認
第6回　安政4年12月19日　堺の代わりに兵庫の開港
第7回　安政4年12月20日　逗留と居留の区別
第8回　安政4年12月23日　同右
第9回　安政4年12月25日　開港地、遊歩区域
第10回　安政4年12月26日　関税
第11回　安政5年1月6日　領事の国内旅行
第12回　安政5年1月10日　遊歩規程、江戸大坂開市の時期、礼拝所の建造、踏み絵の廃止など
第13回　安政5年1月12日　関税、兵庫港、仮条約の調印

神奈川宿（各国領事館跡他）

今回の私の旅は、開国直後の神奈川宿を訪ねる旅である。旧東海道神奈川宿には、各国の領事館が置かれたことが記録に残されている。ところがどうしても腑に落ちないことがあって、その領事館が置かれたとされる寺々を実際に訪れてみたのが、今回の私の小旅行であった。

日米修好通商条約で開港されたのは条約上では「神奈川」ということになっているが、実際に開港地となったのは「神奈川」でなくて「横浜」であった。治安上の問題もあり幕府は、江戸に直結している東海道の宿場町である「神奈川宿」を避けて、東海道からは少し外れていて、当時はまだ鄙《ひな》びた漁村だった横浜村を敢えて開港地としたはずだった。

それなのに、各国の領事館が置かれたのはなぜ神奈川宿だったのか？　私の疑問はここから始まった。領事館が設置された時期もわからない。いろいろなことが腑に落ちないままに、事実として神奈川宿に置かれた領事館の跡を私は訪ねた。私の疑問に対する答えは、この章が終わるまでには解決できるだろうか？

神奈川宿を訪ねる旅は、京浜急行電鉄の仲木戸駅から始まった。

わずかに県名として残っている神奈川という街は、その後の歴史の流れの中で取り残され、隣接する横浜と立場が安全に逆転してしまった。まさにエアーポケットのような世界に、私は降り立ったのであった。

最初に訪れたのは、仲木戸駅から最も近い場所に位置する慶運寺である。

狭い敷地に背の高い木造の本堂がぽつんと建っている。かつては広い寺領だったのであろうが、次第に規模が縮小されて今の姿になってしまっているものと思われる。慶運寺にはフランス領事館が置かれていたことが、門前の案内板と石の標柱とでわかる。

と同時に慶運寺には、浦島伝説が伝えられている。どちらかというとこちらの方が資料も残っていそうだし、興味深い。案内板の記述を以下に略記する。

神奈川にあった旧観福寿寺《かんぷくじゅじ》（慶応4年〈1968年〉焼失）に伝えられていた縁起書によると、浦島太郎は相模《さがみ》国三浦（神奈川県三浦市）の住人である浦島太夫が丹後国（京都府北部）に移り住んだ後に生まれた子だという。その後、竜宮城に行って戻ってきた浦島太郎は、丹後国には誰も知る人がいなかったために父親の出身地である相模国に戻ったが、父の太夫は300年前に亡くなっていて武蔵国（埼玉県・東京都など）の白幡の峯に葬られたことを聞く。これを悲しんだ太郎は神奈川の地から亀に乗って竜宮へ戻り、帰ることがなかったという。当寺に残る浦島観世音は、浦島太郎が玉手箱とともに竜宮城から持ち帰ったものなのだそうだ。

浦島太郎のルーツが相模国にあったとは、初めて聞いた。再び竜宮城に戻ったところも、普段私たちが耳にしている浦島太郎の伝説とは異なる。額面通りに信じることはできないけれど、言い伝えられた話には何らかの根拠があるように思えるし、そんな伝説に想像力を働かせることも、また楽しい。ミニ旅行のはじめの訪問地で奇説浦島伝説に遭遇することができたのは、上々の滑り出しであると言えるかもしれない。

慶運寺の後は、京浜急行線を海側に交差して、成仏寺を訪れた。

鎌倉時代の創建になる浄土宗の寺は、安政6年（1859年）の開港当初に外国人宣教師の宿舎に充てられた。日本語のローマ字表記で有名なヘボン博士がこの寺の本堂に住んでいた。今ではコンクリート造りとなった本堂が線路際にぽつんと建っているだけで、往時の面影はまったく感じられない。私たちはわずかに門前に建てられた案内板によって、その事実を知るだけだ。

成仏寺に近い浄瀧《じょうりゅう》寺《じ》は、イギリス領事館として使用された寺である。門内のスペースも広く、立派な本堂が印象的だ。後述するが、生麦事件の時にはイギリス人が犠牲者になっているので、この近辺もさぞかし上を下への大騒ぎとなったであろうことが想像される。もっとも今では、訪れる参詣客も稀な静かなごく普通のお寺であるが…。

さらに浄瀧寺の近隣にある宗興寺は、先に登場したヘボン博士が施療所として使用した寺である。寺域内にはヘボン博士のレリーフが埋め込まれた記念碑が建てられている。寺の建物自体は建て替えられ、当時の面影はまったくない。想像力を働かせようにも、材料が何もないというのが実際のところである。寺の隣に大きな井戸があり、ヘボン博士もこの水を施療に使用したという。この井戸、水量の増減によって翌日の天気を知ることができたことから「お天気井戸」とも呼ばれている不思議な井戸だそうだ。

ここから密集した住宅街を海（運河）に突き当たるまで歩くと、神奈川台場跡の石碑が見えてくる。安政6年（1859年）5月、幕府が伊予（愛媛県）松山藩に命じて作らせた台場の跡で、台場には勝海舟の設計なる砲台が設置されていた。

今ではほとんどが埋め立てられてしまい、石垣のごく一部が残されているのみであるが、7万両の工費と1年の歳月とを費やして造営された台場は、総面積2万6000㎡にも及ぶ大規模なものであった。黒船来航のかなり前から徳川幕府は、各藩に命じて相模国の海岸線などの警備を強化していたが、黒船来航後はさらにその重要性を認識し、より江戸に近い神奈川の海にも台場を築き、守りを固めようとしていたことが窺える。

ここから引き返して、京急神奈川駅から旧東海道に向かう。

神奈川駅を見下ろす高台に建つ立派な寺が、アメリカ領事館として使用された本覚寺《ほんがくじ》である。日本を開国させた一番の功労者であるアメリカだけに、他の領事館とは建物も敷地も規模が違う。

獅子の彫像が彫られている山門の脇には、日米修好通商条約締結時に日本側の交渉役として活躍した岩瀬肥後守忠震《ひごのかみただなり》のレリーフが埋め込まれた記念碑が建立されていた。第一部「夜明け前の桜花」にて日米修好通商条約の交渉過程をつぶさに見てきた私たちにとっては、岩瀬と共に交渉にあたった下田奉行である井上信濃守《しなののかみ》清直のレリーフがなくて岩瀬のレリーフだけなのが腑に落ちないし、そもそも彼らの行った行為は、勅許を待って調印せよとの直弼の真意を知りながら騙し討ちを行ったようなものであり、とても好感が持てる行為であるとは言えない。

さらに石碑には「横浜開港之主唱者」というタイトルが付されているが、確かに当初は岩瀬が横浜開港を主張した事実はあるものの、最終的に岩瀬は条文どおりの「神奈川」を主張しているので、このタイトルもあまりしっくりとは当てはまらない。そういう意味でこの石碑は、私にとって何となく中途半端な存在であるとの印象を免れない。誰がどんな認識に基づいていつ建立したものなのか。碑の由来を示す案内板もなく、ただ山門の傍らに建てられた石碑を、私は不思議な思いで眺めた。

しかし、当時の様子を伝えるものとしては、アメリカ領事館跡と書かれた石柱とこの岩瀬肥後守忠震の記念碑くらいで、他には何もここにアメリカ領事館があったことの痕跡を認めることはできなかった。

瓦屋根が印象的な大きな本堂も、おそらくは明治時代より時代が下っての建立と思われるし、規模の割には見るべきものもなくて、境内をひと通り歩き回ったのみで、早々に寺を後にした。

なお後の章で触れることになるが、生麦事件の際に薩摩の武士たちに切りつけられて大怪我を負った二人のイギリス人、クラークとマーシャルが逃げ込んだのが、イギリス領事館であった浄瀧寺ではなくて、ここ本覚寺であった。そして、駆けつけて彼らの傷を治療したのが、今見てきたばかりのヘボン医師だった。

ここから坂を下り切って旧東海道に入るコースなのだが、ちょっと寄り道をして、門前の急坂をさらに上っていくことにする。途中、三宝寺の前を通ってさらに行くと、見晴らしのいい広場に出る。この辺り一帯は高島山公園と呼ばれ、高島嘉右衛門の別宅があった土地であるという。

眺望の利く広大な土地だ。

高島嘉右衛門は、横浜が都市としての礎を築いた黎明期における功労者の一人で、鉄道建設のための土地の埋め立てやガス事業の起業、学校建設など多方面にわたって街づくりに貢献した人である。高島町という地名にその名が残っているほか、易にも造詣が深く、今ではむしろ、彼の著書である『高島易断』の方が広く一般に名を知られているかもしれない。

高島山公園を下った小広場にも、かえもん公園という名前の公園が作られている。この辺り一帯がすべて嘉右衛門所有の土地であったのだろう。かえもんさんは、途轍もない金持ちだったことがわかる。

元来た道を本覚寺下まで引き返して、ここから旧東海道に入る。だらだらとした上り坂が続く。右手は山で、先程上った高島山公園に続いていく。左手は、崖のような急な斜面になっている。実はこの旧東海道の左手は、江戸時代は海だった。

安藤広重の有名な東海道五十三次の神奈川宿は、この辺りを描いたものだという。今の景色からは即座に想像することができないが、絶景と言ってもいいほどの鮮やかな海岸風景である。目の前に拡がる横浜駅西口のビル群が、当時はすべて真っ青な海の中だったということに、驚きを禁じ得ない。一つの証拠物件がある。それは、田中屋という名前の黒板塀の瀟洒《しょうしゃ》な建物だ。この田中屋こそ、安藤広重の神奈川宿に描かれている「さくらや」という料亭だという。

文久3年（1863年）創業という料亭の田中屋は、さくらやから屋号を変えて今に綿々と続いているのだそうだ。この当時のさくらやには、高杉晋作やハリスも訪れたことがあるという。

浄瀧寺・本堂

本覚寺・本堂

旧神奈川宿・田中屋

さくらやをもう一つ有名にしているのは、ここに坂本龍馬の元夫人であるおりょうが働いていたことである。勝海舟の紹介で働き始めたおりょうは、英語が話せて月琴《げっきん》も弾けることから、外国人の接待に重宝されたという。

この後おりょうは、別の男性と結婚して三浦半島の走水《はしりみず》に移り住み、墓所もそこにある。

田中屋の少し先に、「神奈川台関門跡、袖見ヶ浦見晴所」と書かれた大きな石碑がある。開港後の横浜で外国人が多数襲撃される事件が発生したことから、神奈川宿の東西に関門を作って警備を強化した、その跡なのだそうだ。

まっすぐ進んで坂を下りたところは、もう横浜駅西口に近い場所だった。旧東海道は横浜駅を通らずにさらにまっすぐ続いていくが、私はここで左折して駅に戻ってこの小旅行を終えることにする。都会の喧噪の中に戻ってホッとするのは、都会人の悲しい性かもしれない。

横浜駅から徒歩圏内の距離にありながら、今日歩いてきた街は繁華街という概念からは程遠く、街全体が相当に古びた地域だった。たしかに当時は宿場町として栄えていたのかもしれないが、結局、最初に私が抱いた疑問である、各国領事館はどうして「横浜」ではなく「神奈川」に置かれたのかに対しては、現地を訪れた今も、私に何の答えも示してはくれなかった。このままでは引き下がれない。私はいろいろな文献を読んで、私なりに納得できる答えを導き出した。以下に私の考えを披露する。

幕府が行った詭弁である「神奈川」から「横浜」へのすり替えは、アメリカ公使ハリスやイギリス総領事（当時。後に公使に昇格）オールコックに簡単に見破られるところとなり、両名から猛烈な抗議を受けた。

幕府の思惑は、横浜を長崎における「出島」と同じようにすることであった。神奈川宿から少し離れた横浜村に新しい「街」を作って、外国人を新設された横浜の「街」に閉じ込めておくことである。

事実、幕府が横浜村に用意した外国人居留地は、運河と川とで完全に隔離されていた。まさに、長崎の出島の拡大版である。海に面した場所には防波堤を作り、船舶の入港の便宜を図った。防波堤が象の鼻に似ているところから、象の鼻地区と呼ばれた。この象の鼻地区は時代によって幾多の変遷を経た後、平成21年（２００９年）に横浜開港１５０周年を記念して公園広場として整備されている。

相当の突貫工事だったとは言え建物はすべて新築のピカピカであり、税金面での優遇措置も取られていて、幕府は商人たちの横浜招致に躍起となった。その結果、幕府の思惑通りに商人たちは横浜に殺到した。

条約に反するとしてあくまでも神奈川宿を開港地とすることを主張したハリスやオールコックは、すでに横浜に居住し始めている商人たちを強制的に神奈川に移すことはできないにしても、少なくとも自国の領事館だけは条文どおりに神奈川宿に置くことを幕府に認めさせたのであった。

横浜は広義の神奈川の一部であると苦しい主張を繰り返していた幕府であったが、アメリカやイギリスが神奈川宿に領事館を設置することまでは拒み切れなかった。こうして幕府とハリスやオールコックとの妥協の末に誕生したのが、神奈川宿に設置された各国領事館であったというのが、私が得た結論である。

新設の街である「横浜」に外国人を留めておくという発想は、危険な攘夷思想を持った武士たちから彼ら外国人の身の安全を守るという幕府の配慮から出た発想でもあったから、一概に幕府を責めることはできない。しかしそういう不逞浪士たちの取締りも主権国家としての徳川幕府が担わなければならない役割であり、条約の条文を重視する諸外国の外交使節から見れば、極めて不本意な幕府の対応であったことは間違いない。

ちなみに、公使と領事の違いについて。

「領事」も「公使」も同じような役割を持った外交官のように思われるかもしれないが、実際には厳然とした違いが存することを了知しておくことは重要である。「領事」は国際貿易上の必要から生まれたもので、管轄地域内における主に商人の利益を保護するために設けられたもので、現地における窓口としての意味合いはあるものの、国を代表する資格を備えているわけではない。外交官として国を代表する地位を公に承認されているのが、「公使」である。したがって後述するごとく、アメリカ公使館は日本にただ一つ麻布《あざぶ》の善福寺にあり、イギリス公使館は高輪の東禅寺にあったが、両国の領事館は各開港地に存在していたものと考える。

こうして、領事館の置かれた神奈川はその後、街としては衰退の一途を辿ることになった。一方、幕府の思惑どおりに横浜の街は、その後も順調に成長を遂げていったのである。そして第一部「夜明け前の桜花」で見てきたように、開港地としての横浜を強力に推進したのが、大老井伊直弼《おなすけ》であった。

以上が、私が得た結論である。

それにしても、一神教であるキリスト教徒の彼らが、軒並み、仏教寺院に起居していたという事実に、なにか可笑しさを感じるのは、私だけだろうか？　線香臭い本堂で、よく彼らが耐えて生活したものだと感心してしまう。仏像に囲まれ、鐘や木魚の音などを聞きながら、彼らは何を想ったのだろうか。

麻布十番（善福寺・アメリカ公使館跡）

麻布《あざぶ》十番は、不思議な魅力を持った街である。最近でこそ南北線や大江戸線が開通して行きやすくなったけれど、昔は麻布十番と言えばどこの駅からも遠くて、陸の孤島のような街だった。行きにくかったものの、歴史のある老舗と新しい感覚のユニークな飲み屋と異国情緒豊かな焼肉屋とが同居している、昔からちょっと洒落た憧れの街でもあった。

今は、地下鉄の麻布十番駅で降りて、行き当たりばったりで歩くのが私流の麻布十番の楽しみ方である。それほど広い街ではないので、どのように歩いても迷うことはない。適当に歩いているうちに、知っている地点に行き当たる。

例えば、明治42年（1909年）創業の鯛焼きの浪花家《なにわや》総本店。いつも店の前には長蛇の列ができている。その近くにある慶応元年（1865年）創業の豆源《まめげん》。店名の通り、いろいろな味付けの豆のお菓子を売っている店である。こちらも、いつも店内はお客さんで一杯だ。お腹が空いたら、永坂更科《さらしな》布屋太兵衛で蕎麦を食べるのが江戸っ子っぽくて粋でいい。

そんな麻布十番に、行ったら必ず訪ねる場所がある。それは、善福寺という浄土真宗の寺だ。

天長元年（824年）に弘法大師空海によって開山されたと伝えられている古刹である。空海が開いたのだから、当初は真言宗の寺であったのだが、後に親鸞がこの寺を訪れて浄土真宗に改宗したというユニークな寺歴を持つ。真偽のほどは、わからない。

ここは、慶応大生にとっては、メッカのような場所である。なぜなら、慶応大学創始者である福澤諭吉が眠っている寺だからだ。諭吉の墓にはいつも花が絶えないが、特に2月3日の諭吉の命日（雪池忌《ゆきちき》）には、慶応大学関係者を中心に大勢の人が訪れる。

また受験シーズンになると慶応大学の受験生が、年度末試験のシーズンになると慶応大学の学生が、入試合格や試験の及第を祈念して訪れる。そういう意味では、善福寺は学生の寺でもあるのだ。

福澤諭吉は、天保5年（1835年）12月12日に中津藩の下級藩士であった福澤百助《ひゃくすけ》・於順《おじゅん》の二男として大坂の堂島浜で生まれている。緒方洪庵《こうあん》の適塾で蘭学を学び、咸臨丸で渡米した後、明治維新後は慶応義塾大学を開くなど、進歩的な教育者として広く世に知られている。また『学問ノススメ』『文明論之概略』『西洋事情』『福翁自伝《ふくおうじでん》』など多数の著作を著わし、独立自尊や男女平等などを説き、西洋の考え方を積極的に明治の日本に紹介しようとした功績も大きい。

明治34年（1901年）2月3日、三田の慶応義塾大学内にあった自宅で死去。一度別の場所に埋葬された後、ここ善福寺に移葬された。

勝海舟を深く尊崇している身としては、福澤諭吉はその対極にいるような存在だが、明治の日本社会に大きな影響を与えた大人物であったことには違いない。

この善福寺にはもう一つ、安政5年（1859年）に日米修好通商条約に基づいてアメリカ公使館が設けられたという歴史的事実がある。本堂の真ん前に、ハリスのレリーフが彫り込まれた立派な記念碑が建立されている。

安政3年（1857年）8月に日米和親条約により下田の玉泉寺に日本最初のアメリカ領事館を設けたタウンゼント・ハリスは、安政6年（1860年）6月まで下田に領事館を置いていたことが玉泉寺の案内板に記載されている。

一方で善福寺の石碑には、1859年7月（おそらく太陽暦）に日本で最初のアメリカ公使館が置かれたことが刻まれている。

下田の玉泉寺はアメリカ領事館であったが麻布の善福寺はアメリカ公使館となっていることから、日米修好通商条約締結の功績によってハリスは、総領事から公使に格上げとなったものと思われる。下田のアメリカ領事館は、麻布に公使館が設置された後もしばらく存続した後、下田の閉港によって閉じられたものと考える。下田に代わって神奈川宿の本覚寺にアメリカ領事館が新たに設置されたと考えるのが素直であろう。

アメリカはここ善福寺を拠点として、幕末における対幕府外交を推し進めていったことになる。しかしながら、華々しく黒船によって他国に先駆けて開港を勝ち得たアメリカであったのに、幕末史におけるその後の活躍の主役は、イギリスとフランスに譲ることになる。条約交渉においてあれだけイニシアチブを取っていたものが、不思議とアメリカの名前はその後の幕末史のなかにあまり登場しなくなる。

麻布十番

善福寺・アメリカ公使館碑

善福寺・山門から本堂を望む

薩長を中心とする倒幕側にイギリスが付き、幕府側にはフランスが急接近し、ともすれば日本の国土は両国の代理戦争の場となる危険な状態にもなり得た。そうならなかったのは西郷と勝の英断に依るところが大であるのは言うまでもないが、それはこの稿の本題ではないので、これ以上は書かない。

幕末の日本外交史のなかでアメリカの存在が急速に霞んでいくのは、文久2年（1862年）にタウンゼント・ハリスが健康上の理由により公使を辞任したことと関係があるだろうか？

ハリスは在任中に日米修好通商条約締結を成功させ、神奈川、長崎、新潟、兵庫を新たに開港している。また万延元年（1860年）にはその批准のために咸臨丸による訪米が実施されている。ペリーと並んでハリスは、幕末外交史における二大巨頭と言っても過言でないほどの重要人物であった。

軍人であり日本に対して終始厳格な態度を取り続けたペリーと異なり、ハリスは商人上がりの外交官であった。短気で依怙地なところはあるものの、柔軟な発想を持ち、日本への思い入れも誰よりも強かった。最後は幕府のコンサルタント的な存在として、他国との外交交渉に苦慮していた幕府から頼りにされていた。そんなハリスに対して、イギリス公使のオールコックが敵意を剥き出しにしたくらい当時のアメリカとイギリスとの間では差が生じていた。

咸臨丸がアメリカに向けて出港した同じ年の3月3日に桜田門外で大老井伊直弼《なおすけ》が暗殺され、また12月には通訳官であり下田時代からの盟友であったヒュースケンが薩摩藩士によって殺されるという事件が起こっている。

元々健康がすぐれなかったハリスにとっては、大きなショックだったに違いない。しかしハリスは、薩摩に対して武力を背景とした強硬な抗議を行うイギリス等に与《くみ》しないで、平和的な行動を選択した。ヒュースケン殺害事件に対する日本へのこの対応方針の違いにより、ハリスとオールコックとの間の心理的な溝が深まったと言われている。

穏健派として知られるハリスは、惜しまれながら日本を後にした。明治維新まではまだ5年あまりを残しての、早すぎる帰国であった。

ちなみに、ハリスと並んでもう一人の立役者であるペリーは、井伊直弼が大老となる約3ヶ月前の安政5年（1858年）1月19日（太陽暦で言うと1858年3月8日）にニューヨークで亡くなっている。下田条約を締結して日本を去ってから4年も経たないうちに亡くなったことになる。

幕末日本におけるアメリカの一つの時代が終わった。

1861年4月に南北戦争が勃発し内政に専念しなければならなかった事情もあり、その後の激動する幕末史のなかで、比較的領土欲の少ないアメリカは、イギリスやフランスとは一線を画するかたちで存在感を薄めていった。そんな数奇な歴史を見つめてきた一つの記念碑的存在として善福寺を見ると、えも言われぬ感慨が湧いてくるのだ。

次回はアメリカと対局的行動をとったイギリスの公使館跡を訪ねてみることにする。

高輪（東禅寺・イギリス公使館跡）

麻布の善福寺にあるアメリカ公使館に居住していた通訳官ヒュースケンが薩摩藩士によって殺害されたのは、万延元年（1860年）12月5日のことだった。

日米修好通商条約締結により、限定された地域だったにせよ、合法的に外国人が日本の国土に入り込むようになった。急速に貿易が拡大し、民間レベルでの外国人との交流が促進されていく中で、尊王攘夷を標榜する武士たちと彼ら外国人との間での摩擦が江戸のあちこちで生じ始めている。

各国公使館が置かれた寺々が尊王攘夷派の攻撃の標的となったことは、ある意味で必然の結末だったと言えるのではないだろうか。

私が高輪《たかなわ》にある東禅寺のことを調べるきっかけとなったのは、別の興味で旧東海道品川宿にある土蔵相模《さがみ》跡を訪ねたことに始まる。

その時は、桜田門外の変の前夜、井伊大老を討つために水戸浪士らが参集して宿泊したのが品川宿の妓楼《ぎろう》土蔵相模で、そこから愛宕《あたご》神社を経て桜田門まで浪士が歩いた道筋を辿る小旅行のスタート地点として、訪れたのであった。

今ではマンションとなっている土蔵相模跡にある説明板には、桜田門外の変の浪士のことなど一言も触れられておらず、文久2年（1862年）12月12日夜半に、高杉晋作や久坂玄瑞《くさかげんずい》らが品川御殿山に建設中のイギリス公使館を焼き打ちした際に密議をこらした歴史的舞台であると紹介されている。

桜田門外の変に絡めて土蔵相模跡を訪れた私は、超少数派だったものと思われる。御殿山に建設される前のイギリス公使館はどこにあったのか？　私の興味はそこから始まった。そして間もなく、私が求めていたイギリス公使館が高輪の東禅寺にあったことがわかった。

この頃の歴史を調べていくと、高杉らに襲撃される以前に、水戸浪士らによってイギリス公使館が襲撃された事実がすぐに判明した。またしても、水戸浪士か。長州や薩摩が活躍する以前に、当初は水戸浪士が攘夷の主役であったことがわかる。

桜田門外の変で武力による敵対勢力打倒に成功を収めた水戸浪士が、次に攻撃のターゲットとしたのが、高輪にある東禅寺であった。

前置きが長くなってしまったが、私は地図で東禅寺の場所を確かめて、早速訪ねてみることにした。

もっと早く行ける道筋はあったけれど、散策を楽しみたかったので、敢えて私は五反田《ごたんだ》駅をスタート地点に選んだ。駅前を走っているのが国道1号線、いわゆる桜田通りだ。この道を桜田門の方向に上っていく。

途中、島津山という名前の付いたマンションがある辺りを通過する。現在の地名では東五反田という味もそっけもない地名になってしまっているが、かつて江戸時代には、仙台藩伊達家の下《しも》屋敷があった場所である。その後明治時代になって、旧薩摩藩の島津侯爵邸となったことから、島津山と呼ばれるようになった。

元々の所有者にちなんで伊達山とは呼ばれずに、後の所有者であるのに島津山と呼ばれているのは、島津の殿様の方がブランド効果が高かったからなのだろうか。

ちなみに、桜田通りの反対側には、池田山公園がある。こちらも、備前岡山藩池田家の下屋敷跡にちなんだ命名である。皇后陛下であらせられる美智子さまのご生家も、池田山にあった。たしか、美智子さまのご意思で取り壊されるということで、一時期ずいぶんと話題になった。

この辺り一帯の高台は、池田山、島津山、御殿山、八ツ山、花房山の五つの高台から成っていて、城南五山とも呼ばれている。江戸時代は大名屋敷が林立するお屋敷町であった。

高輪台を過ぎて、明治学院前の交差点を右折すると、左手前方に灯台のような塔を持った瀟洒《しょうしゃ》な建物が見えてくる。高輪消防署二本榎《にほんえのき》出張所だ。その交差点を直進して、次の信号を右折する。

えっ？　こんな狭い道でいいの？

疑いたくなるくらい細い下り坂の道が目の前に現れる。人影もなく、進むほどに左右から樹木が覆いかぶさってきて、暗くなっていく。限りなく不安な気持ちになりながら木造の古い家が点在する道を道なりに進んで行くと、右手に墓地が現れ、左手の高い塀の向こう側に塔が見えてくる。

どうやらここが、目指す東禅寺のようだ。

安政6年（1859年）5月29日、中国からの長い船旅の末に品川沖に姿を現した初代イギリス総領事（後に公使に昇格）オールコックは、大きな不安と日本人への猜疑心に満ちた心で浜御殿に上陸した。意外なことに、幕府の対応は思いのほか迅速で、速やかに候補となるべき寺院の案内を受けた。最初に案内された寺は規模が小さくやや荒廃していて、徳川将軍家の菩提寺である増上寺にも近いとの理由で断り、二番目に案内されたのが東禅寺であった。

今よりもはるかに広大な寺域を擁し隅々まで整備されていた東禅寺の佇まいをオールコックはすっかり気に入り、ここに東禅寺をイギリス公使館とすることが決定した。ハリスが麻布《あざぶ》の善福寺にアメリカ公使館を置いたのよりも4日前のことであった。

オールコックは、1809年にロンドン郊外のイーリングで医者の子として生まれた。自身も外科医の資格を得てイギリス軍の軍医になった。ところが、リウマチのために両手の親指が動かなくなるという外科医としては致命的な災難に見舞われ、外科医を続けることを断念、泣く泣く外交官の道を目指したという異色の経歴の持ち主である。

その後中国で、福州、上海、広州の各領事を歴任した後、15年間におよぶ極東地域での外交官としての経歴を買われ、初代日本総領事として江戸に送り込まれてきたものであった。時にオールコック50歳。外交官としても人間としても、まさに円熟の域に達する年代であった。

しかし中国での外交官としての経験豊富なオールコックをしても、日本という国および日本人の特殊性というか神秘性には大いに戸惑い、手を焼いたようである。

オールコックの最初の試練は、エルギン伯爵が安政5年（1858年）に幕府との間で締結した日英修好通商条約の批准書交換であったが、この交渉において早くもオールコックは、幕府の役人の国際常識の欠如に唖然としてしまう。

批准書を添えて交換する条約は正本であるのが常識であるのに、幕府の役人は写しに将軍の押印を得たものを提出しようとした。後日作成した写しの方が字もきれいで綴じかたも念入りに綴じられているというのが彼らの主張の根拠であった。しかも、いったん将軍の押印を得たものは、絶対に変更することはできないと言い張って譲らない。

仕方なく（押印のない）正本と（押印のある）写しをセットで交換することで事態の打開を図ろうとしたが、今度は条約本文で日英双方がお互いに理解可能なオランダ語版を原文とすることが定められているにもかかわらず、日本側が用意していたのは日本語版だけであることが判明した。お互いに自国語の条文を差し出せば十分ではないかというのが、幕府側の主張であった。おそらくオールコックは訳のわからない理論に振り回されて、早くも深い絶望感に苛まれたことと思われる。何を言っても常識が通用しない世界。何を考え、何を言い出すかわからない日本人の未開性。

大まじめに自説を主張しているように見える日本人の言行を、単なる国際常識の欠如によるものと判断すればいいのか、それとものらりくらりと話題をはぐらかせて条約の履行を遅らせようとする行為と捉えるべきなのか、オールコックは判断に苦しんだに違いない。

この問題も、それでは日・蘭・英の3ヶ国語を一綴りにしましょうということで決着したが、

高輪消防署二本榎出張所

東禅寺・イギリス公使館跡石碑

東禅寺・仁王門

この機会に写しに押してしまった将軍の印を正本に押し直しましょうと言った幕府役人の言葉を、オールコックは止《とど》めのパンチを受けたような気持ちで聞いたことだろう。一度押印した将軍の印は、絶対に変更することができないのではなかったのか?

長くなったがこんなエピソードを紹介したのは、その他の交渉事も推して知るべしであり、日英の文化的背景や認識の大きな隔絶にオールコックがいかに苦労し戸惑ったかを知る好材料であると思ったからである。

以上はイギリス側から見た交渉過程であったが、日本側には日本側の事情や論理があり、日本側もオールコックと同等以上に交渉に苦慮したであろうことは想像に難くない。こうしてお互いに不信と戸惑いを繰り返しながら、次第に相互理解が進んでいったものと思われる。

日本側にとって幸いだったことは、外交経験が豊富で人生の円熟期に達していたこの外交官は、度重なる挫折や絶望にも拘わらず、熱い情熱をもって日本と接してくれたことである。外交官としてイギリスの国益を代表する立場であり、時には厳しい対立も辞さなかったけれど、オールコックは自身の立場や利益を本国に向かって強く主張するとともに、日本を一刻も早く他の欧米列強に追いつかせようと陰に陽に努力を惜しまなかった。強面《こわもて》ではあるが、面倒見のいい紳士であったのだと思う。

話を現代に戻す。

東禅寺は、三重塔を擁する寺だった。

いきなり目の前に、どっしりと重量感のある三重塔が現れた。東京で塔をもっている寺は、そう多くない。私が知る限りでは、池上本門寺《いけがみほんもんじ》、上野寛永寺、それに浅草寺《せんそうじ》くらいのものだ。そういう意味では、東禅寺に塔があることに、まず驚かされた。

慶長14年（1609年）の創建と伝えられているから、400年の歴史を刻んでいる寺である。東京の寺としては古刹の部類に属していると言っていいだろう。なにせ、徳川家の菩提寺である寛永寺（1625年）よりもさらに古い寺なのだから。

入口の仁王門を潜り木々に覆われた長い参道を進むと、やがて正面に本堂が見えてくる。その左に静かに建つのが三重塔だ。本堂の扉は固く閉ざされていて、近づくことを拒絶するかのように金属製の黒い柵が設けられている。

本堂の右手の唐破風《からはふ》のある立派な大玄関は、イギリス公使館として使用されていた当時のものだ。大きな屋根の下の入口部分は奥行が深く、4枚の板戸が整然と閉じられていて、落ち着いた格式を感じさせる。

東禅寺にある多くの建物は昭和初年に改築されたものだそうだが、この大玄関とそれに続く奥書院の一部は、当時のままに残されているという。

イギリス公使館として使用されていた痕跡を確かめてみたい。奥書院の中には、オールコックの遺品や墨跡《ぼくせき》が残されているのではないだろうか。しかしまことに残念なことに、建物の内部はすべて非公開となっている。当時の様子を伝えるものを自分の目で確かめられたら、そこから何かを発見できるかもしれないのだが…。

地図を見ると、本堂の裏手に池のある庭園があることもわかる。オールコックや書記官のアーネスト・サトウが見たかもしれない庭園を見てみたい。そんなささやかな私の願いであったが、残念ながら叶えることはできなかった。

今でも東禅寺は大きな寺であるが、今は民家となっている寺に隣接した地域もかつては寺領であったことが想像される。そこに外敵の襲撃を防ぐために3・6mもの高さの竹垣が築かれ、警固は万全だったはずだ。

さらに昔の写真を見ると、今の仁王門のある辺りであろうか、2層から成る山門が存在していた。その山門の前にも衛兵が守る木戸が作られていて、実にものものしい。

それなのに、東禅寺は一度ならず二度までも攘夷志士たちの襲撃を受けている。御殿山に建設中の新公使館襲撃も加えると、実に3回もの被災になる。

最初の襲撃は、既述の水戸浪士によるもの。

文久元年（1861年）5月28日夜のことである。厳重な警備が敷かれている中での襲撃であったらしい。にもかかわらず、公使のオールコックは風呂桶の中に隠れてようやく難を逃れたと言われているから、まさに危機一髪であったようだ。

それにしても、イギリス公使館を警護していたのは郡山《こおりやま》藩と西尾藩の200人の日本人だった。イギリス人を護るために、日本人同士が切り合いを演じたことになる。何とも皮肉な事態ではないか。

当時の刀傷や弾痕が柱や鴨居に残されているらしいので、なおさら奥書院を見てみたい気持ちが高まったが、見られないものは仕方がない。

この日の事件を当時20歳の福地《ふくち》源一郎が幕府外国方として目撃している。生まれて初めて生首を見せられて狼狽している様子が源一郎の著述に見られる。

最初の襲撃の約1年後の文久2年（1862年）5月30日未明には、東禅寺の警護を命じられていた松本藩士の伊藤軍兵衛が、公使暗殺を企てて屋敷内で戦闘となり、イギリス兵を殺傷するという事件が起きている。

東禅寺警備のために多額の経費を拠出しなければならない松本藩の惨状を憂え、一身を犠牲にして松本藩の警護を解かせようとして行われたと言われているが、謎も多くて詳細はよくわからない。

いずれにしても、これだけイギリス公使館が襲撃のターゲットになっていたという事実は、当時のイギリスが日本人にとっていかに危険な国として意識されていたかということの証拠となる。イギリスがアヘン戦争を通じて中国を植民地化したという情報は日本にも正確かつ速やかに伝わっていた。

日本も一歩対応を誤れば中国と同様の運命が待ち受けている。強い危機感が一部の熱い日本人を襲撃という暴挙に駆り立てたのではないか。オールコックがいかに日本のことを考え、日本のために行動をしていたとしても、攘夷の志士たちにとってイギリスは危険な存在に違いなかった。アメリカ公使館が襲撃を受けたという話は聞こえてこないから、当時から日本人は、イギリスとアメリカとを正確に意識して区別していたことがわかる。

イギリス公使館のあった高輪の東禅寺、アメリカ公使館のあった麻布の善福寺、フランス公使館のあった三田の済海寺は、今ではいずれも都内の一等地に立地しているが、江戸時代はというと江戸の中心地の外側に位置しており、周囲は外様大名の屋敷地であった。これ以上は江戸城の近くに外国人を近寄らせないという幕府の強い意志を感じる。たとえ穏健なアメリカであっても、だ。

外国人が日本に居住し始めた結果、両国の交流が活発になっていく一方で、あちこちで摩擦も生じ始めていく。

日本の風習をよく理解して日本に馴染もうとした外国人ももちろんいたけれど、物見遊山《ものみゆさん》のような軽い気持ちで日本に立ち寄り、危険な地域であっても無防備に外出する外国人も現れた。ヒュースケンのように日本に長い間滞在していた外国人でさえ、警戒心を抱かずに馬で遠乗りを繰り返していた。

彼らが攘夷を標榜する志士たちの攻撃の標的となったことは、想像に難くない。それを取り締まる幕府の権力は、桜田門外の変を境として衰退の一途を辿っている。

時代はますます、混沌とした霧の中に突入しながら、討幕へと向かっていく。

次回は黒船を巡る私の最後の旅として、そんな幕末の象徴のような事件である生麦事件の舞台を訪ねてみることにする。

生麦（生麦事件）

アルコール好きな私にとって生麦は、ビールのイメージが一番強い。キリンビール横浜工場が生麦にあり、工場見学と称しては出来たてのビールの試飲を目当てに、たびたび生麦に足を運んでいたからだ。

京急生麦駅を出て駅前商店街を歩いていくと、国道15号線の大きな通りに出る。そこを右に10分ほど行くと、目指すキリンビール横浜工場の入口が見えてくる。KIRIN Beer Village と書かれたいかにもビール工場らしい大きなタンクを見るだけでわくわくしてくる。

そのビール工場の入口のすぐ手前に、生麦事件の碑がある。

工場見学に行く度に、そうか、ここが生麦事件の現場なのか、と思う。が、生麦事件のことはすぐに忘れてしまって、飲んだビールのことしか記憶に残らない。

今回、幕末の外交史に焦点を当てて様々な場所を歩いてみた。その観点から改めて生麦事件を見てみると、この事件が幕末史において非常に重要な位置づけにあることを実感した。

いろいろと文献を調べてみた結果、生麦事件の発生場所が2ヶ所あることもわかった。私にとっては今まで度々訪れたことのある馴染みの場所ではあるが、今回は初心にかえって、改めて事件の発生現場を訪ねてみることにした。

出発点は、JR鶴見駅である。

短期間ではあったが、私は以前、鶴見に住んでいたことがある。駅の近くには摠持寺《そうじじ》という立派な寺があって、よく境内の散策などをしたものだ。摠持寺は、石原裕次郎の墓があることで有名な寺だ。

久しぶりに鶴見の駅に降り立った。目指すは、鶴見線というとってもローカルな路線である。鶴見線は、京浜工業地帯の象徴のような工場の間を縫って走っている。以前はチョコレート色をした車両でよりレトロな雰囲気を醸し出していたが、今は普通の黄色い電車になってしまっている。

駅の案内表示に従って鶴見線のホームに行こうとして、驚いた。なんと、鶴見線用に別の専用改札口があるのだ。鶴見線に乗るには、普通にJR鶴見駅の改札を入って、さらに鶴見線専用の改札を通らなければならない。

そんな思いをしてせっかく乗った鶴見線であったが、実は一駅目の国道《こくどう》という駅で降りる。鶴見駅から歩いてもよかったのだが、今まで一度も鶴見線に乗ったことがなかったので、ちょっと乗ってみたくなったのだ。

国道の駅は、何とも言えない独特の雰囲気を漂わせている駅だ。改札を出ると、ガード下にトンネルのようなアーチ型をした商店街が現れる。と言っても、日曜日だからなのか開いている店は皆無で、しかも薄暗い。

手書きの不動産屋の看板などを見ていると、この空間だけは昭和からずっと変わっていないのではないかと思えてしまうほど、空気自体も淀んでいる。

不思議な気持ちでガード下を歩く。右に出れば広い道幅の国道15号線、左に出れば狭い旧東海道になる。迷わず旧東海道を選択する。

この辺りは江戸時代は海辺で、江戸の街に魚を供給する漁師町であった。今もその名残りで魚問屋が道の両側に点在している。街灯に「生麦魚がし」と書かれた看板にも趣を感じさせるものがある。古い家も多くて、江戸時代の東海道にタイムスリップしたような気分をわずかだが味わえる。

しばらく行くと、右側の民家の塀に「生麦事件発生現場」と書かれた説明板を見つける。ここが、目指した最初の生麦事件の現場である。

時は文久2年（1862年）8月21日。薩摩藩主の父である島津久光が、京都に帰るために江戸を出立して神奈川宿に向かっていた。久光は、朝廷の特使である大原重徳《しげとみ》を護衛して、幕府に攘夷決行を促すために江戸に赴いていたものだった。

400人にもおよぶ久光一行は、手前の川崎宿で昼食を摂り、午後2時ごろ、今私が立っている地点を通過しようとしていた。左手に海岸線を望みながら、長閑な午後のひとときを過ごしていたに違いない。休憩地として予定していた神奈川宿は、もう目と鼻の先である。

一方、横浜居留地からは、リチャードソン、クラーク、マーシャル、それに婦人のボロデールの4人が、川崎大師を見物しようと馬を走らせていた。こちらも、初秋と言っていい爽やかな気候のなかを、快適な馬の旅だったことと思われる。

リチャードソンとボロデールが先に立ち、クラークとマーシャルが二人に続いていた。前から何やら物々しい行列が来ることは、4人の外国人にもわかったはずである。狭い街道を独占するかたちで、久光の行列が近づいてくる。

リチャードソンたちは馬に乗ったまま、久光の行列と擦れ違おうとした。ところがリチャードソンの馬が行列に驚いてボロデールの馬を押してしまう。ボロデールの馬は押されてバランスを崩し、道端の溝に足を踏み外してしまった。制御不能となった二人の馬は、行列の中に踏み行ってしまう。

突然の外国人の馬の乱入により、久光の行列が乱れた。

そこに居合わせた供頭の奈良原喜左衛門が、無礼者！と叫びながらリチャードソンに切りつけた。外国人4人は、殺気に満ちた薩摩藩士に気圧されて、元来た道を横浜まで必死に戻ろうとした。

しかし戻りながらも容赦なく薩摩藩士の刃が降りかかる。4人は必至で逃げた。が、生麦の街並みが尽きるあたりで、リチャードソンが痛みに耐えかねて落馬した。ここでリチャードソンを介抱していたら4人とも殺されてしまうと判断したのだろう。3人はリチャードソンを見捨ててさらに逃げた。

落馬したリチャードソンは、間もなく彼らを追いかけてきた薩摩藩士海江田武次《かいえだたけじ》らに発見された。海江田は、瀕死のリチャードソンを楽にするべく、とどめを刺した。リチャードソンの遺体

国道駅・ガード下

生麦事件発生現場

生麦事件の碑

リチャードソンらの墓

には、傍らの茶屋の女房が哀れに思い、立てかけてあった葦簀《よしず》をかけたという。

少し長くなってしまったが、ドキュメンタリー風に事件の概要を書き留めてみた。

こうして事件の流れを追っていくと、今まで私が何度となく見てきたキリンのビール工場入口にある「生麦事件の碑」は、リチャードソンが落命した場所に建てられた碑であったことが初めてわかった。

最初に奈良原喜左衛門の一撃を受けた場所から耐えきれずに落馬した場所までは、700mほどの距離である。私は、「生麦事件発生現場」の説明板のある場所から「生麦事件の碑」がある場所まで、その時のことを思い浮かべながら歩いた。

歩いてもたいした距離ではない。リチャードソンは、目指す横浜の居留地まではおろか、次の神奈川宿までの道程の半分も行かないうちに耐えきれずに落馬したことになる。

リチャードソンが辿ったであろう道の途中で私は、生麦駅方面に道を折れて生麦事件参考館に寄り道をした。商店街から僅かだが奥に入っているために、今まで何度となく商店街を通っていながらその存在を知らずにいた。

生麦事件参考館は、この地に住まれている浅海武夫さんが、日本史に刻まれている地元の重要事件を正しく後世に残し伝えるために、私財を費やして収集した生麦事件に関する一級資料が展示されている貴重な資料館である。

アポイントメントなしでの訪問であったが、運よく浅海さんご本人に直接お会いすることができて、話を伺わせていただいた。また、館内で淺海さんが講演された時のビデオを拝見し、この事件についてのイメージを作り上げることができた。

この章に書いたことの多くの部分は、淺海さんの話から私が理解した事実に基づいて書かれている。淺海さんには、感謝の意を表させていただきたい。


事件発生後の続報だが、リチャードソンを見捨ててひたすら逃げた3人のうちのクラークとマーシャルの二人の男性は、神奈川宿の本覚寺《ほんがくじ》にあるアメリカ領事館に逃げ込んだ。

本覚寺については、神奈川宿のところで触れた。同じ神奈川宿にあり、しかもアメリカ領事館である本覚寺よりも手前にあったイギリス領事館ではなくわざわざ山の上にあるアメリカ領事館に逃げ込んだのは、どうしてであろうか？

本覚寺のアメリカ領事館に逃げ込んだ二人は、前出の成仏寺に居住していたヘボン博士の必死の治療を受けて命を取り留めた。ただ一人の婦人であったボロデールは、奇跡的に前髪を切られただけで無傷であり、横浜の居留地まで逃げ帰った。

一番最初に行列を乱したのはボロデールの馬であったはずだし、位置的にもリチャードソンに次いで切られやすい位置にいたものと思われる。が、さすがの薩摩隼人も、洋装の婦人に手を下すことを躊躇したのかもしれない。


一方の当事者である薩摩藩も、起こしてしまった事件の重大性をすぐに認識した。久光一行は、神奈川宿で休憩する予定を急遽変更して、宿泊予定の保土ケ谷《ほどがや》宿まで逃げるように速度を速めて去って行った。久光本人に至っては、本陣には泊まらずに腹心を連れて別の旅籠《はたご》に極秘に泊まったくらいの念の入れようで、外国人の復讐を極度に警戒していたことが窺える。

そんなに恐れるのであれば、もっと思慮ある行動を取ればよかったのにと思うが、後の祭りである。

外国人側にも非はある。郷に入れば郷に従えで、日本に上陸した以上は日本の風習を尊重し、あの場面では馬から降りて静かに行列が過ぎ去るのを待つべきであった。現に久光の行列に対してそういう行動をとった外国人(アメリカ領事館書記官ヴァン・リード)もいたのだという。日本を、アヘン戦争により植民地支配した中国と同等視して、見下す気持ちが彼らになかったかというと、けっして否定することはできない。要するに、自らが招いた災害であった側面もあるということだと思う。

歴史的に考えてみると、生麦事件は、薩摩の対外政策を180度転換させる大きな転機となった事件である。

イギリスは、厳しい態度で薩摩に対して賠償金の支払いと犯人差し出しを要求した。薩摩はこれに応じなかったため、イギリスは翌文久3年(1863年)年6月27日に7隻の軍艦を鹿児島に進め、7月2日、ついにここに薩英戦争が勃発した。

イギリスとの実戦経験を得て、到底イギリスには敵わないことを痛感した薩摩は、攘夷から積極的に外国の技術を取り入れる開国政策に転換した。同じく馬関《ばかん》海峡（関門海峡）を封鎖して外国船を砲撃したことからイギリス、フランス、オランダ、アメリカの4ヶ国連合艦隊と戦いこてんぱんに叩きのめされた長州藩も、同時期に攘夷の無謀を悟り、開国主義に方針を転換している。

驚くべき変わり身の速さだ。これまでの彼らの主張はいったい何だったのだろう？　江戸幕府が行った開国政策が正しかったことを彼ら自身が肯定したようなものだと首を傾げたくなってしまうが、しかしこの思考の柔軟性こそが、固陋《ころう》を脱し得ないでいた江戸幕府を倒し、明治維新に導いた原動力であったのだと思う。

余談だが、薩摩藩は要求された2万5000ポンドの賠償金を幕府からの借金で支払っている。別途イギリスから幕府に対しても10万ポンドの賠償金が要求され、幕府はそれも支払っているから、薩摩のせいで大きな損失を被ったことになる。

もう一つの要求であった犯人逮捕については、薩摩はついにうやむやにしてしまったというから、薩摩の政治力はたいしたものだと、変な意味で感心させられてしまう。

リチャードソンの犠牲は痛ましいものであったが、生麦事件とそれに続く薩英戦争は、日本にとっては結果的に、近代国家建設に向けての大きなターニングポイントとなった。世界のイギリスを敵にまわして勇敢に戦い、イギリス艦隊にも相当の被害を与えた薩摩の国力と気概を評価したイギリスは、この戦いの後急速に薩摩に接近していく。

イギリスの後押しを得た薩摩と長州が倒幕派の中心となり、やがて江戸幕府を倒して日本の近代化を成し遂げることは、誰もが知るところである。

なお、リチャードソンの墓は、横浜港を見下ろす元町の外国人墓地にある。

リチャードソンの墓の左右には、クラークとマーシャルも埋葬されている。二人は、事件の後も日本に留まり、日本で生涯を終えたという。

私が訪れた日はまだ春にはもう少しという休日の午後で、冬枯れした周囲の景色は殺風景そのものであったが、季節になれば背後にある大きな桜の樹が満開の花を咲かせて、彼らの墓を飾ってくれるに違いない。３人の墓の真ん中に「近代国家成立の発端となった生麦事件犠牲者の墓」と書かれた碑が建立されている。

考えてみれば彼らの人生も、数奇な運命に翻弄された一生だった。せめてこの横浜の地で、安らかに眠り続けてくれることを祈るばかりである。

旅の終わりに

第一部「夜明け前の桜花」で私は、井伊直弼《なおすけ》という人物の一生を通じて、長い下積み生活を経て幕府の最高権力者にまでのし上がる過程における人間としての苦悩と戦いの日々を追った。

ペリーが来航してからの徳川幕府は、今までに経験したことのない事態に直面して、思考停止状態に陥っていた。過去の前例を踏襲することには長けていても、何もないところから未来を創造していく能力を著しく欠いていたのが、幕末における徳川幕府であった。

この困難な状況のなかで時代が遣わした切り札が、井伊直弼だった。

数々の難苦の末に奇跡的に彦根藩主に就任した直弼であったが、試練の道はなお続く。開国か攘夷か。日本という国の存亡の危機に臨んで大老という幕府の最高権力者となった直弼は、幕府の内にも外にも存する多数の敵を相手に回しながら、正確な情報力と明晰な判断力とで日本を正しい道へと導いた。

直弼は、結果として正解であった開国の道を推進したのみならず、開港地として横浜を選択するなど、まさに今日の日本の礎を築いたと言っても過言でない政治家だった。しかし残酷なことに時代は、これからという時に直弼を桜田門外で天に召し上げてしまったのであった。

第二部「黒船物語」で私は、初めて黒船が日本に姿を現した浦賀から、開国による日本人と外国人との摩擦が顕在化した生麦事件発生地まで、開港にまつわる史跡を巡る旅を断続的に続けてきた。時代的に言うと、嘉永6年（1853年）6月3日から文久2年（1862年）8月21日までの期間であるから、わずかに10年間にも満たない期間に該当する。

井伊直弼が埋木舎《うもれぎのや》で失意のうちに過ごした期間が15年間であったことを考えると、黒船来航から生麦事件までの10年間がいかに凝縮された期間であったかがわかるし、またこの10年間は日本人にとって苦悩に満ちた期間でもあった。

黒船来航から生麦事件までの、そんなわずか10年にも満たない激動の時代を、私は自分の目と足とで見つめ直してみた。この期間はまさに、日本の近代化直前の黎明期に、一筋の光芒が芽生えだした期間であった。

未曾有の危機に直面した時に私たちは何を考え、どう行動しなければならないか。そういう意味では、幕末の最も困難を極めたこの時期と、今の私たちが生きている不確かな時代とは、どこか共通しているかもしれない。

後から振り返ればもちろん、その時に何をすればよかったのかの正解は得られるけれど、問題に直面しているその時々に正確な判断を行い、正しい行動を取るためには、正確な知識と情報を持つことが何よりも重要である。京都の朝廷や公家たちは、正確な知識もないまま徒《いたずら》に開国に反対して日本中を混乱に陥れた。

それにプラスして必要なのが、旧弊にとらわれない判断力である。信念は非常に大切な要素であるけれど、経験したことのない事態に際しては、まずは先入観とそれまでの常識を排除した自由な発想が求められる。

水戸藩の徳川斉昭《なりあき》は、自らの信念に固執するあまり、大局を見誤った。反対に薩摩藩や長州藩は、生麦事件や馬関《ばかん》海峡砲撃事件の報復攻撃で欧米列強の実力を正しく認識して、藩論を攘夷から開国に一転させた。自らの考えの非を素直に認め素早く方針転換を遂げた手腕は見事と言うほかない。

言葉を変えて言えば、心を無にして真実を直視する心の目を持つということになるだろうか。

そして判断に迷う時には、常に原点に還る謙虚な気持ち。大局を誤またないための秘訣であると考える。これらを総合すると、自由でかつ精密な想像力をいかに惹起できるか。最後はそのことに尽きるのではないかと私は思う。

私は、幕末の混乱期に歴史を刻んだ土地を訪ね、そこに生きた人々の行動を追った。

そして歴史上の登場人物の取った行動から様々なことを学んだ。そこには、正しく生きるためのヒントが宝石のように散りばめられていた。

私がこれらの旅で出会った人物の中で、井伊直弼の人間としての大きさが一番心に沁みたけれど、直弼以外にも、私が訪ねた幕末の歴史を飾った土地土地には、この混乱の時期であったにも拘わらず、キラリと輝く人物がいた。私の今回の旅は、そんなどこか気になる歴史上の人物に出会う旅でもあった。


横浜が開港されたのは、安政6年6月2日（新暦で言うと1859年7月1日）である。そして、桜田門外の変で大老井伊直弼が暗殺されたのが安政7年3月3日（新暦で言うと1860年3月24日）である。ちょうど横浜開港150周年を迎え、来年には井伊直弼没後150年を迎えるという記念すべき年に、このような文章を書き終えることができて、まことに深い感銘を覚えている。

私のこの拙い文章ではあるが、少しでも幕末を生きた人々の息吹を感じていただき、苦悩と混乱のなかで彼らがいかに生きたかに思いを馳せ、それが混沌とした今の時代を生きる道標になることができれば、それに勝る幸せはない。

主要参考文献

母利美和『井伊直弼』幕末維新の個性6、吉川弘文館、２００６年
大久保治男『埋木舎と井伊直弼』淡海文庫41、サンライズ出版、２００８年
松岡英夫『安政の大獄』中公新書１５８０、中央公論新社、２００１年
深井雅海『江戸城―本丸御殿と幕府政治』中公新書１９４５、２００８年
舟橋聖一『花の生涯』新装版（上・下）祥伝社文庫、２００７年
諸田玲子『奸婦にあらず』日本経済新聞社、２００６年
浅田　勁『幕末動乱』神奈川新聞社、２００８年
竹岡範男『唐人お吉物語』文芸社、２００６年
加藤祐三『開国史話』神奈川新聞社、２００８年
佐野真由子『オールコックの江戸』中公新書１７１０、２００３年
土屋喬雄・玉城肇訳『ペルリ提督日本遠征記』（一～四）岩波文庫、１９５５年
坂田精一訳『ハリス日本滞在記』（上・中・下）岩波文庫、１９５４年
青木枝朗訳『ヒュースケン日本日記』岩波文庫、１９８９年
横浜開港資料館編「ペリー来航と横浜」横浜開港資料館、２００４年

あとがき

1冊でいいから自分の書いた本を出版したい。私がこの世に生きた証として、何か後世に残せるものを創りたい。昔からの夢だった。こんなに早くにその夢が叶うなんて、今でも何かの間違いではないかと思っている。

私のサッカー好きは周囲では有名なので、私が本を出すとしたら、サッカー関係のエッセイに違いないと思っている向きは多かったと思う。なにしろ、日本代表を応援するために家族の反対を押し切って単身でドイツW杯にまで行ってしまうくらいだから。

ところが私の初めての本は、私のことをよく知る大方の予想と期待?を裏切って紀行エッセイである。自分でもこのような本が出来上がるとはちょっと予想していなかった。何の期待感もなしに彦根城下の「埋木舎」を訪れたことが、私の人生を変えた。そこで部屋住み時代の井伊直弼に出逢っていなかったら、この本も世に出ることはなかったし、今の私自身もなかったかもしれない。

直弼から黒船へと私の興味の対象はどんどん飛躍していったし、埋木舎で過ごした直弼の15年間の忍耐を思ったとき、それを我が身に置き換えて耐え忍ぶことを学んだ。可能性がほとんどゼロに近くても諦めない密かな闘志。私は井伊直弼の生き方からいろいろなことを教えられた。

この本の出版の直接のきっかけとなったのは、滋賀県にある須賀谷温泉さんのホームページのブログに私の拙い文章を掲載させていただいたことに始まる。温泉の周囲は歴史や自然の宝庫なので、せっかく泊まりに来られたお客様にいい想い出を持って帰っていただきたい。その手助けになればとの軽い気持ちで載せていただいたのだが、予想外の反響があって私自身が驚いた。

本を出版してはと勧めてくださった方もいて私も思わず乗り気になったのだが、その考えは甘かった。私の考えの至らなさを正しく指摘いただいたのが、サンライズ出版の岩根順子社長だった。ブログと本とは違う。本として出版して読者の支持を得るためには、もっと勉強されたほうが…。社長はそうおっしゃって、いくつかの参考文献を私に示された。目から鱗だった。社長のアドバイスで、私は自分の作品がまだまだ未熟なものであることを悟った。私がはじめに書いたものは、単に訪れた土地について思ったことを書いただけの珠《たま》の寄せ集めに過ぎなかった。歴史的事実を記載することで考察を掘り下げ、バラバラだった珠に一本の糸を通す作業を私は丹念に続けた。

こうして出来上がったのが、この本である。岩根社長のアドバイスがなかったら、もっと低次元の作品となっていただろう。加えて、サンライズ出版の矢島潤さんに詳細なレビューをいただかなかったら、本書は穴だらけの本になっていたはずである。お二人には、感謝以外に言葉が見つからない。巻末になってしまったが、謝意を呈してあとがきとしたい。

平成21年（2009年）9月24日

豊島　昭彦

井伊直弼・幕末日本外交史年表

和暦	西暦	日付	井伊直弼	日本外交史
文化12	1815	10月29日	前彦根藩主井伊直中の十四男として槻御殿で誕生	
	1820?		5歳の時に生母お富の方と死別	
天保2	1831	10月28日	5月25日に直中死去、父の死に伴い弟の直恭とともに城中槻御殿から埋木舎（尾末町屋敷）に転居	
天保5	1834	秋	弟直恭とともに他の大名家への養子候補として1年間江戸に滞在	
天保13	1842	11月20日	埋木舎で初めて長野主馬と対面	
天保14	1843		長浜大通寺から法嗣に迎えたいとの嘆願書が彦根藩に提出される	
弘化3	1846	1月13日	世嗣直元死去、2月1日埋木舎を出て江戸に向かい、2月18日藩主直亮の養嗣子となる	
		5月	溜間詰として公務を開始する	
弘化4	1847	2月	浦賀海岸の警備を命ぜられる	
嘉永3	1850	9月28日	藩主直亮死去、11月21日直弼第13代彦根藩主となる	
嘉永4	1851	6月	藩主として初めて彦根に帰る	
嘉永5	1852	4月26日	長野主馬、彦根藩に召抱えられる	

嘉永6	1853	6月3日		アメリカ・東インド艦隊指令ペリー、軍艦4隻を率いて浦賀に来航。国書受取を要求
		6月9日		ペリー、久里浜に上陸し国書を幕府役人に渡す
		6月12日		ペリー出航
		8月29日	米国親書に対する意見書「別段存寄書」を幕府に答申し、開国を主張する	
安政元	1854	1月16日		ペリー、軍艦7隻を率いて江戸湾に進出
		1月28日	城中で徳川斉昭の外国船打ち払い論に反対	
		2月10日		ペリー、幕府役人と神奈川で会談
		3月3日		日米和親条約（神奈川条約）を締結。下田と函館が開港
		3月21日		ペリー、下田に碇泊
		3月24日		下田奉行を再設置
		3月27日		吉田松陰、金子重輔、下田のペリー艦隊で密航を企てるが失敗
		4月9日	羽田、大森の警備を免ぜられ、京都守備専任となる	
		4月17日		ペリー、下田を出航、箱館に向かう
		5月13日		ペリー、下田に再上陸、了仙寺にて下田条約の交渉開始

和暦	西暦	日付	井伊直弼	日本外交史
安政元	1854	5月25日		日米和親条約附録（下田条約）締結。蘭、露とも締結
		6月4日		ペリー、下田を出港
安政3	1856	8月5日		アメリカ総領事ハリス、下田に着任
安政4	1857	5月26日		日米下田協約を締結。長崎が開港
安政4	1857	6月17日		老中阿部正弘没（39歳）
		10月14日		ハリス、日米修好通商条約締結を求め、江戸に出府（10月21日に将軍に謁見）
		12月4日		ハリス、日米修好通商条約の草案を提示（1858年1月20日に完成）
		12月	溜間詰同格大名連署により米国の要求を受諾すべしとの意見書を提出	
安政5	1858	1月19日		ペリー、ニューヨークにて没（63歳）
		1月21日		ハリス、体調を崩し、一時下田に帰還
		4月23日	直弼、大老に就任	
		6月19日		日米修好通商条約を締結。神奈川、長崎、新潟、兵庫が開港
		6月23日	老中堀田正睦、松平忠固を罷免し、太田資始、間部詮勝、松平乗全を老中に任命	
		6月24日	徳川斉昭らが押しかけ登城	
		6月25日	将軍継嗣を紀伊徳川慶福に決定	

		7月6日	13代将軍家定死去（35歳）	
		8月8日	水戸藩に攘夷実行の密勅が下る	
		9月7日	梅田雲浜を逮捕、安政の大獄が始まる	
		12月16日		ハリス、アメリカ弁理公使に任命される
安政6	1859	4月22日	4公卿落飾、謹慎を命じられる	
		6月2日		日米修好通商条約により横浜が開港
		6月4日		イギリス総領事オールコック、江戸の東禅寺を領事館とする
		6月8日		ハリス、アメリカ領事館を下田から江戸の善福寺に移す
		8月27日	岩瀬忠震、永井尚志の職禄を奪い、差し控えを命じる、川路聖謨を罷免	
		10月7日	橋本佐内、刑死	
		10月27日	吉田松陰、刑死	
		11月30日		オールコック、特命全権公使に昇格
安政7（万延元年）	1860	1月13日		勝海舟、福沢諭吉、ジョン万次郎など、咸臨丸でアメリカへ出航
		3月3日	桜田門外の変。直弼死去	
		12月5日		アメリカ公使館通訳ヒュースケン、薩摩藩士に殺害される
文久元	1861	5月28日		水戸浪士ら、東禅寺のイギリス公使館を襲撃
文久2	1862	8月15日		イギリス外交官アーネスト・サトウ、来日

和暦	西暦	日付	井伊直弼	日本外交史
文久2	1862	8月21日		生麦事件。島津久光の家臣、生麦でイギリス人を斬る
		8月24日	長野主膳、斬罪	
		11月2日		攘夷実行の遵守を決定
		12月12日		高杉晋作ら、イギリス公使館を放火
文久3	1863	5月10日		長州藩、関門海峡通過中の外国艦船を砲撃
		7月2日		薩英戦争。イギリス軍艦、鹿児島に砲撃し薩摩藩、応戦
元治元	1864	8月5日		アメリカなどの四国艦隊、長州藩の下関砲台を占拠
慶応元	1865	閏5月18日		イギリス公使にパークス着任
慶応2	1866	6月16日		イギリス公使パークス、薩摩藩を訪問
慶応3	1867	2月6日		将軍・徳川慶喜、大阪城でフランス公使ロッシュと会談
		2月27日		パリで万国博覧会開催。幕府、佐賀藩、薩摩藩が出品

■写真等協力（掲載順）

彦根・多賀　埋木舎、高源寺、大洞弁財天（長寿院）、龍潭寺、天寧寺
東京　明治神宮、愛宕神社、松陰神社、豪徳寺、善福寺、東禅寺
京都　金福寺、圓光寺
下田　玉泉寺、宝福寺・唐人お吉記念館
横浜　浄瀧寺、本覚寺、生麦事件参考館、横浜外国人墓地

■著者略歴

豊島昭彦（とよしま・あきひこ）

昭和34年（1959年）8月、東京都渋谷区に生まれる。間もなく埼玉県浦和市に転居し、埼玉大学教育学部附属小学校、同中学校、埼玉県立浦和高等学校を経て、昭和57年（1982年）3月、一橋大学法学部を卒業。学生時代の在籍クラブは、日本語研究会と写真部。

昭和57年4月、日本債券信用銀行（現あおぞら銀行）に入社、現在に至る。

趣味は旅行と写真。好きなスポーツはサッカー（日本サッカー協会公認Ｄ級コーチライセンスを保有）と野球。尊敬する人物は、勝海舟。

訳書（共訳）に『プロジェクト・マネジャーの人間術』（2007年アイテック社刊）がある。

井伊直弼《いいなおすけ》と黒船物語《くろふねものがたり》　―幕末《ばくまつ》・黎明《れいめい》の光芒《こうぼう》を歩く―

2009年10月29日　第1刷発行

著　者　　豊島　昭彦

発行者　　岩根　順子
発行所　　サンライズ出版株式会社
〒522-0004 滋賀県彦根市鳥居本町655-1
電話 0749 − 22 − 0627
印刷・製本　　P − NET 信州

ISBN978-4-88325-401-9　Printed in Japan　定価はカバーに表示しています。

乱丁・落丁本はお取り替えいたします。